14 ansteckende Geschichten
zum Gesundlachen

In derselben Reihe
sind bisher erschienen:

11 betörende Geschichten für gewisse Stunden

10 himmlische Geschichten für Engel

11 Kuschelgeschichten für Kinder, die abends nicht ins Bett wollen

12 ketzerische Geschichten für Querdenker und Querulantinnen

10 starke Geschichten für Frauen, die wissen, was sie wollen

8 schnelle Geschichten für alle, die keine Zeit haben

11 ersprießliche Geschichten für die schöne Gärtnerin

13 automatische Geschichten für Anrufbeantworter

8 ausgekochte Geschichten für Feinschmecker

8 schwungvolle Geschichten für die Hängematte

9 pfiffige Geschichten für heimliche Lokomotivführer

9 poussierliche Geschichten für Katzenfreunde

10 Hochzeitsgeschichten für 1001 Nacht

12 Überlebensgeschichten für Mamas und Papas

11 filmreife Geschichten für Kinofans

8 treuherzige Geschichten für alle, die auf den Hund gekommen sind

12 übermütige Geschichten für Solisten

14

ANSTECKENDE GESCHICHTEN ZUM GESUNDLACHEN

Ein Lübbe Geschenkbuch

GUSTAV LÜBBE VERLAG

Lektorat der Reihe:
Daniela Bentele-Hendricks
Textauswahl und -bearbeitung:
Gertrud Lehnert,
Lektoratsbüro Bonn

Umschlaggestaltung
und Vignetten:
Melanie Bentele, München
Satz: Kremerdruck GmbH,
Lindlar-Hartegasse
Druck und Einband:
Friedrich Pustet, Regensburg

Printed in Germany
ISBN 3-7857-0751-7

INHALT

Marcel Aymé: *Der Mann, der durch die Wand gehen konnte* 9
Italo Calvino: *Der Wald der Tiere* 28
Jean Cau: *Das Paradies* 42
Roald Dahl: *Des Pfarrers Freude* 48
Robert Gernhardt: *Das Buch Ewald* 91
Laurie Graham: *Gesundheit und Krankheit* 115
Elke Heidenreich: *Biorüttmus* 121
Tama Janowitz: *Sonnenstich* 125
Ephraim Kishon: *Besuchszeiten: Montag und Donnerstag* 138
Primo Levi: *Ein paar Verwendungsmöglichkeiten des Mimetikers* 148
W. Somerset Maugham: *Der Lunch* 161
James Thurber: *Geheimnis um den Macbeth-Mord* 170
Thaddäus Troll: *Gesunde Lebensweise* 179
Kurt Tucholsky: *Rezepte gegen Grippe* 185
Anhang: *Die Autoren* 190

Ein Schnupfen hockt auf der Terrasse,
auf daß er sich ein Opfer fasse

– und stürzt alsbald mit großem Grimm
auf einen Menschen namens Schrimm.

Paul Schrimm erwidert prompt: »Pitschü!«
und *hat* ihn drauf bis Montag früh.

Christian Morgenstern

Marcel Aymé

DER MANN, DER DURCH DIE WAND GEHEN KONNTE

Auf dem Montmarte wohnte im dritten Stockwerk des Hauses Nr. 75 der Rue d'Orchampt ein vortrefflicher Mann namens Dutilleul, der die seltene Gabe besaß, durch die Mauern gehen zu können, ohne dabei Schaden zu nehmen. Er trug einen Kneifer, ein schwarzes Kinnbärtchen und war Beamter dritter Klasse im Finanzministerium. Im Winter fuhr er mit dem Autobus ins Büro, in der schönen Jahreszeit machte er den Weg zu Fuß, auf seinem Haupte einen steifen Hut, eine Melone.

Dutilleul war gerade in sein dreiundvierzigstes Jahr eingetreten, als er seine Fähigkeiten entdeckte. Eines Abends hatte ihn ein kurzes Versagen des elektrischen Lichts in der Diele seiner kleinen Junggesellenwohnung überrascht, er war in der Finsternis ein paar Schritte umhergetappt und hatte sich, als das Licht wieder aufflammte, auf dem Treppenabsatz des dritten

Stocks wiedergefunden. Da die Eingangstür zu seiner Wohnung von innen verschlossen war, dachte er über den Vorfall nach, und er beschloß schließlich, den Einwendungen der Vernunft zum Trotz, auf dem gleichen Wege in seine Wohnung zurückzukehren, auf dem er herausgekommen war – durch die Wand. Er konnte nicht umhin, sich über diese befremdliche Fähigkeit, die so gar nicht zu seinen Aspirationen paßte, ein wenig zu ärgern; da der nächste Tag ein Sonnabend war, konnte er einen Arzt in seinem Viertel aufsuchen, um ihm seinen Fall vorzutragen.

Der Doktor überzeugte sich von der Richtigkeit seiner Angaben und entdeckte nach genauer Untersuchung die Ursache des Übels in einer schraubenförmigen Verhärtung in der Drosselwand der Schilddrüse. Er verordnete Intensivierung seiner Arbeit bis zur Überanstrengung und gab ihm zum Einnehmen ein Pulver von tetravalentem Schafgarbenextrakt, vermischt mit Reismehl und Zentaurenhormon, zwei Tabletten jährlich.

Nachdem Dutilleul eine Tablette genommen hatte, legte er das Medikament in eine Schublade und vergaß es völlig. Was die verordnete Überanstrengung durch intensive Arbeit anging – nun, seine Tätigkeit als Beamter war geregelt, weit entfernt von jedem Übermaß, und in seinen Mußestunden, die er mit Zeitunglesen und der Beschäftigung mit seiner Briefmarkensammlung ausfüllte, ergab sich noch weniger Gelegenheit, überschüssige Energien loszuwerden. So hatte er sich nach Ablauf eines Jahres seine Fähigkeit, durch die Wand zu gehen, unangetastet bewahrt; aber er bediente sich ihrer niemals, es sei denn versehentlich, denn er war nicht abenteuerlustig und unterlag auch nicht den Verführungen der Phantasie.

Er kam gar nicht auf den Gedanken, seine Wohnung anders zu betreten als durch die Tür, die er jedesmal sorgfältig aufschloß. Vielleicht wäre er im Frieden seiner behaglichen Gewohnheit alt geworden, ohne jemals in die Versuchung zu kommen, seine Gabe zu gebrauchen, wenn nicht plötzlich ein außergewöhnliches Ereignis sein Leben völlig auf den Kopf gestellt hätte.

Monsieur Mouron, sein Subdirektor im Büro, wurde in einen anderen Wirkungskreis berufen, und an seine Stelle trat ein gewisser Monsieur Lécuyer, ein Mann mit einem bürstenähnlichen Schnurrbart und sehr kurz angebunden. Vom ersten Tag an betrachtete es der neue Vorgesetzte mit scheelem Blick, daß Dutilleul den Kneifer an einem Kettchen trug und daß er ein schwarzes Kinnbärtchen hatte; er behandelte seine Untergebenen wie störende, ein wenig unsaubere Gegenstände, an die man nicht gern erinnert wird.

Aber das schlimmste war, daß er es wagte, im Dienst

Reformen von beachtlicher Tragweite einzuführen, die geeignet waren, die Ruhe seines Untergebenen empfindlich zu stören. Seit zwanzig Jahren fing Dutilleul seine Briefe mit der Formel an: »Indem ich mich auf Ihr Geehrtes vom Soundsovielten beziehe und der Einfachheit halber an unseren vorangegangenen Briefwechsel erinnere, beehre ich mich, Ihnen mitzuteilen, daß ...« – eine Formel, die M. Lécuyer durch eine mehr amerikanisch anmutende ersetzt zu sehen wünschte: »In Beantwortung Ihres Schreibens vom Soundsovielten teile ich Ihnen mit ...« Dutilleul vermochte sich an diesen Briefstil nicht zu gewöhnen. Er kehrte unwillkürlich immer wieder zum traditionellen Brauch zurück, und zwar mit einer maschinenmäßigen Hartnäckigkeit, die ihm in wachsendem Maße die Feindschaft seines Chefs zuzog. Die Atmosphäre im Ministerium wurde für ihn nachgerade drückend. Des Morgens begab er sich sorgenvoll an seine Arbeit, und abends konnte es geschehen, daß er eine volle Viertelstunde in schweren Gedanken im Bett lag, ehe er den Schlaf fand.

Von diesem eigensinnigen Beharrungsvermögen, das durchaus geeignet war, den Erfolg seiner Reformen zunichte zu machen, angewidert, hatte M. Lécuyer Dutilleul einen halbdunklen Verschlag, der an sein Büro grenzte, angewiesen. Man gelangte hinein durch eine niedrige, schmale Tür, die auf den Korridor ging und an der zu lesen stand: Abstellraum. Dutilleul hatte diese beispiellose Zurücksetzung resigniert hingenommen. Aber zu Hause, wenn er in der Zeitung von irgendeiner Bluttat las, ertappte er sich dabei, daß er sich M. Lécuyer als das Opfer vorstellte.

Eines Tages brach der Chef in den Verschlag ein und fing an, einen Brief schwenkend, zu brüllen: »Schreiben Sie diesen Wisch noch einmal! Schreiben Sie diesen unglaublichen Wisch noch einmal, der eine Schande für mein Büro ist!«

Dutilleul wollte protestieren, aber Lécuyer beschimpfte ihn mit Donnerstimme wie einen erzfaulen Schuljungen, zerknüllte den Brief in der Hand und warf ihn Dutilleul ins Gesicht.

Dutilleul war bescheiden, aber er hatte auch seinen Stolz. Als er in seinem Verschlag wieder allein war, bekam er leichte Temperatur – und wurde plötzlich die Beute einer Eingebung. Er stand von seinem Stuhl auf und trat an die Mauer, die sein Büro von dem des Chefs trennte, jedoch so vorsichtig, daß nur sein Kopf auf der anderen Seite der Wand erschien.

Lécuyer saß an seinem Schreibtisch und setzte mit noch etwas nervöser Feder ein Komma in den Schriftsatz eines Angestellten, der ihm zur Abzeichnung vorlag, als er in seinem Zimmer husten hörte. Er sah auf und entdeckte mit unsäglicher Bestürzung Dutilleuls Kopf, der wie eine Jagdtrophäe an der Wand zu hängen schien. Und dieser Kopf war lebendig! Durch den Kneifer am Kettchen schleuderte er ihm haßerfüllte Blicke zu. Aber es kam noch besser: der Kopf fing auch noch zu sprechen an: »Sie«, sagte er, »Sie sind ein dreckiger Straßenjunge, ein Flegel sind Sie! Sie Lümmel!«

Lécuyer saß da, den Mund weit offen vor Schreck, und konnte den Blick nicht von der unheimlichen Erscheinung wenden. Endlich sprang er auf, warf seinen Stuhl um und rannte über den Korridor zu dem Verschlag. Hier saß Dutilleul, den Federhalter in der Hand, friedlich und fleißig auf seinem gewohnten Platz. Der Subdirektor starrte ihn lange an und ging schließlich, etwas Unzusammenhängendes murmelnd, in sein Büro zurück. Kaum jedoch hatte er sich gesetzt, da erschien der Kopf wieder an der Wand. »Sie, Sie sind ein dreckiger Straßenjunge, ein Flegel sind Sie! Sie Lümmel!«

Im Laufe dieses einen Tages erschien der gefürchtete Kopf noch dreiundzwanzigmal, und auch an den folgenden Tagen in gleichen Abständen. Dutilleul, der nun schon eine gewisse Geschicklichkeit in seinem Spiel hatte, begnügte sich nicht mehr damit, seinen Vorgesetzten zu beschimpfen. Er stieß vielmehr dunkle Drohungen aus und rief zum Beispiel mit Grabesstimme unter dämonischem Gelächter: »Garou! Garou! Der Werwolf kommt! Ein großes Grauen wird über dich kommen und wird dich und alle ähnlichen Schleiereulen aus euren Ecken herausholen! Garou! Garou!«

Wenn er das hörte, wurde der arme Subdirektor noch etwas blasser und bekam Erstickungsanfälle: die Haare standen ihm steil zu Berge, und kalter Schweiß rann ihm den Rücken hinab. Am ersten Tag nahm er ein Pfund ab. In der darauf folgenden Woche begann er die Suppe mit der Gabel zu essen und die Polizisten militärisch zu grüßen; außerdem magerte er immer mehr ab und wurde zusehends weniger. Am Ende der zweiten Woche kam ein Krankenwagen und brachte ihn in eine Heilanstalt.

So war Dutilleul von der Tyrannei Lécuyers befreit, und er konnte zu seiner beliebten Wendung zurückkehren: »Indem ich mich auf Ihr Geehrtes vom Soundsovielten beziehe ...« Trotzdem fühlte er sich unbefriedigt. Irgend etwas in ihm rebellierte, irgendein lebhaftes Bedürfnis regte sich – und das war nichts anderes als das Bedürfnis, durch die Wand zu gehen. Natürlich konnte er das, etwa bei sich zu Hause, ohne weiteres tun – und er tat es auch. Aber jemand, der glänzende Gaben hat, kann sich nicht lange damit begnügen, sie an mittelmäßigen Aufgaben zu erproben.

Außerdem war das Durch-die-Wand-Gehen kein Zweck an sich. Es ist der Anfang eines Abenteuers, der eine Folge hervorruft, eine Entwicklung und schließlich ein Ergebnis. Das begriff Dutilleul sehr wohl. Er empfand das Bedürfnis, ins Breite zu wirken. In ihm erwachte der Wunsch, sich zu vervollkommnen, ja, sich zu übertreffen, und er fühlte etwas wie ein leise schmerzendes Ziehen von der andern Seite der Wand her. Unglücklicherweise aber fehlte ihm ein Ziel. Er suchte in der Zeitung nach einem guten Einfall, besonders unter »Politik« und »Sport«, die ihm beide als durchaus respektable Beschäftigungen erschienen; aber er mußte sich schließlich eingestehen, daß sie keinerlei Möglichkeiten für einen Mann boten, der durch Wände gehen kann, und zog sich auf die Rubrik »Verschiedenes« zurück. die sich als überaus anregend erwies.

Den ersten Einbruch beging Dutilleul in einer großen Kreditbank auf dem rechten Seineufer. Nachdem er etwa ein Dutzend Mauern und Wände durchquert hatte, drang er in den Tresor ein, füllte sich die Taschen mit Banknoten und signierte, ehe er ging, seinen Diebstahl mit Rotstift, und zwar mit seinem Werwolf-Pseudonym »Garou-Garou«, mit einem sehr hübschen Schriftzug, der am nächsten Morgen in allen Zeitungen abgebildet war. Nach kaum einer Woche hatte der

Name Garou-Garou bereits eine ungewöhnliche Berühmtheit erlangt. Die Sympathien der Öffentlichkeit waren rückhaltlos auf seiten dieses charmanten Diebes, der die Polizei so entzückend verhöhnte. Er manifestierte sich jede Nacht durch ein neues Taschenspielerstückchen zum Schaden einer Bank, eines Juweliers oder eines reichen Privatmannes. In ganz Paris, ja, in ganz Frankreich gab es keine Frau von auch nur ein wenig schwärmerischer Natur, die nicht glühend gewünscht hätte, sich mit Leib und Seele dem schrecklichen Garou-Garou hinzugeben.

Nach dem Diebstahl des berühmten Burdigala-Diamanten und dem Raubzug auf die Zentralbank, die in dieselbe Woche fielen, erreichte die Begeisterung der Massen ihren Höhepunkt. Der Minister des Inneren mußte gehen und verwickelte auch Dutilleuls Minister in seinen Sturz. Mittlerweile saß Dutilleul – jetzt einer der reichsten Männer von Paris – stets pünktlich in seinem Büro, und man versprach ihm eine Beförderung. Des Morgens machte es ihm besonderen Spaß, die Kommentare anzuhören, mit denen die Kollegen im Ministerium seine Streiche der letzten Nacht bedachten. »Dieser Garou-Garou«, sagten sie, »ist ein fürchterlicher Mensch, ein Übermensch, ein Genie.«

Wenn Dutilleul solche Lobeserhebungen hörte, errötete er verwirrt, und seine Augen hinter dem Kneifer glänzten vor Freude und Dankbarkeit. Eines Morgens ließ diese Atmosphäre der Sympathie in ihm ein solches Übermaß von Selbstvertrauen entstehen, daß er sein Geheimnis nicht mehr bewahren konnte. Mit einem Rest von Schüchternheit musterte er seine Kollegen, die um eine Zeitung versammelt waren, die den Einbruch in die Bank von Frankreich schilderte, und erklärte bescheiden: »Dieser Garou-Garou, das bin ich.« Ein ungeheures, nicht enden wollendes Gelächter lohnte sein Geständnis, und sie nannten ihn zum Spott Garou-Garou. Abends, um die Stunde des Büroschlusses, war er der Gegenstand endloser Hänseleien seiner Kameraden, und das Leben erschien ihm nicht mehr so schön.

Ein paar Tage später wurde Garou-Garou in einem Juweliergeschäft der Rue de la Paix von der Nachtpatrouille auf frischer Tat ertappt. Er hatte gerade seinen Namenszug auf die Hauptkasse geschrieben und war dabei, mit einem Humpen aus massivem Gold einige Vitrinen einzuschlagen, wobei er ein Trinklied sang. Es wäre ihm ein leichtes gewesen, sich in die Mauer zu drücken und so der Wache zu entgehen, aber offenbar *wollte* er sich gefangennehmen lassen, offenbar einzig und allein zu dem Zweck, seine Kollegen zu überzeugen, deren Unglauben ihn gekränkt hatte. Die waren freilich auch gründlich verblüfft, als die Blätter am nächsten Morgen auf der ersten Seite Dutilleuls Bild brachten. Sie bedauerten es schmerzlich, ihren genialen Kameraden so verkannt zu haben, und ließen sich ihm zu Ehren alle einen Kinnbart stehen. Einige allerdings versuchten auch, von Bewunderung und Reue gepackt, sich an Uhren und Brieftaschen ihrer Verwandten und Freunde zu vergreifen.

Man könnte meinen, der Gedanke, sich von der Polizei gefangennehmen zu lassen, um einige Kollegen in Erstaunen zu versetzen, zeuge von großem Leichtsinn, der eines so außergewöhnlichen Mannes unwürdig sei; aber der äußere Anlaß tut ja bei einem solchen Entschluß wenig zur Sache. Durch den Verzicht auf seine Freiheit glaubte Dutilleul zwar einem hochmütigen Drang nach Vergeltung Genüge zu tun; in Wirklichkeit folgte er aber nur seinem vorgeschriebenen Schicksal. Die Laufbahn eines Mannes, der durch Mauern gehen kann, wäre unvollständig, wenn er nicht auch einmal ein Gefängnis von innen kennengelernt hätte.

Als Dutilleul durch die Räume des Santé-Gefängnisses ging, hatte er das Gefühl, daß das Geschick ihn verwöhne. Die Dicke der Mauern war sozusagen ein Leckerbissen für ihn. Gleich am Morgen nach seiner Einlieferung entdeckten die Wärter mit fassungslosem Entsetzen, daß der Gefangene einen Nagel in die Wand seiner Zelle eingeschlagen und eine goldene Taschenuhr, die dem Gefängnisdirektor gehörte, daran aufgehängt hatte. Die Uhr wurde ihrem Besitzer zurückgebracht – und am anderen Morgen, zusammen mit dem ersten Bande der »Drei Musketiere« aus der Bibliothek des Direktors, wieder bei Garou-Garou, am Kopfende seines Bettes, gefunden. Das Personal der Anstalt war in höchster Verwirrung. Die Wärter beklagten sich außerdem über Fußtritte in den Hintern, deren Herkunft sich nicht ermitteln ließ. Es schien, als ob die Wände nicht bloß Ohren, sondern auch Füße hätten.

Garou-Garou war etwa eine Woche in Haft, als der Gefängnisdirektor eines Morgens in seinem Büro auf dem Schreibtisch einen Brief folgenden Inhalts fand:

»Sehr geehrter Herr Direktor – indem ich mich auf unsere Unterhaltung vom 17. dieses Monats beziehe und der Einfachheit halber an Ihre ›Allgemeinen Verordnungen‹ vom 15. Mai des Vorjahres erinnere, beehre ich mich Ihnen mitzuteilen, daß ich die Lektüre des zweiten Bandes der ›Drei Musketiere‹ beendet habe und daß ich heute nacht zwischen 11.25 und 11.35 zu entfliehen gedenke. Ich bitte Sie, geehrter Herr Direktor, den Ausdruck meiner größten Hochachtung entgegenzunehmen. Garou-Garou.«

Trotz schärfster Bewachung entwich Dutilleul in der Nacht um 11.30. Als die Tatsache am nächsten Morgen in der Öffentlichkeit bekannt wurde, erregte sie wilde

Begeisterung. Dutilleul beging einen neuen Einbruch, und seine Popularität stieg ins Unermeßliche. Er gab sich jedoch nicht die mindeste Mühe, sich zu verbergen, sondern ging ohne jede Vorsicht auf dem Montmartre spazieren. Drei Tage nach seiner Flucht wurde er in der Rue Coulaincourt, nahe beim Café du Rêve, kurz vor der Mittagsstunde, wieder verhaftet, als er mit einigen Freunden ein Gläschen trank.

Garou-Garou wurde in die Santé zurückgeführt, hinter dreifachen Riegeln in einem dunklen Gelaß eingeschlossen, entwich am gleichen Abend und legte sich in der Wohnung des Direkors in einem der Fremdenzimmer zu Bett. Morgens um 9 Uhr läutete er nach dem Frühstück, ließ sich jedoch, ohne Widerstand zu leisten, durch die schnell herbeigerufenen Wärter aus dem Bett heraus festnehmen. Außer sich vor Zorn, ließ der Direktor einen Doppelposten vor seine Zelle stellen und setzte Dutilleul auf Wasser und Brot. Am späten Nachmittag ging der Gefangene in ein Restaurant in der Nähe, um zu frühstücken, und rief, nachdem er seinen Kaffee ausgetrunken hatte, den Direktor an. »Hallo? Herr Direktor, ich bin ganz bestürzt, aber ich habe beim Weggehen vergessen, Ihre Brieftasche mitzunehmen, so daß ich jetzt hier im Restaurant in Verlegenheit bin. Würden Sie freundlichst jemand schicken, der die Rechnung bezahlt?«

Der Direktor eilte selbst herbei und ließ sich zu Drohungen und Beleidigungen hinreißen. Das traf Dutilleul in seinem Stolz, und er entwich noch in derselben Nacht auf Nimmerwiedersehen. Jetzt aber war er so vorsichtig, sich den schwarzen Bart abzunehmen und den Klemmer am Kettchen durch eine Hornbrille zu ersetzen. Eine Sportmütze und ein großkarierter Anzug mit Knickerbockerhosen machten ihn vollends unkenntlich. Er richtete sich in einer kleinen Wohnung in der Avenue Junot ein, wohin er schon vor seiner ersten Verhaftung einen Teil seiner Möbel und die Gegenstände hatte bringen lassen, an denen er hing.

Der laute Widerhall seines Ruhmes begann ihn zu ermüden, und er war des Vergnügens, durch die Wände zu gehen, etwas überdrüssig geworden. Die dicksten und festesten Mauern schienen ihm jetzt bloß Vorhänge, und er träumte davon, in die Tiefe einer Pyramide einzudringen. Während der Plan einer Reise nach Ägypten in ihm reifte, führte er ein sehr friedliches Leben und teilte seine Zeit zwischen seiner Briefmarkensammlung, dem Kino und langen Streifzügen durch Montmartre. Seine Verwandlung war so vollkommen, daß er, glattrasiert und hornbebrillt, dicht an seinem besten Freund vorübergehen konnte, ohne erkannt zu werden. Nur der Maler Gen Paul, dessen Scharfblick auch nicht die kleinste Veränderung in der

Physiognomie eines der alten Stammgäste des Quartiers entging, durchschaute schließlich auch diese Verkleidung. Eines Morgens, als er Dutilleul plötzlich an der Ecke der Rue de l'Abreuvoir gegenüberstand, hielt es ihn nicht länger. »Sag mal, ich seh, daß du dich in feine Kluft gehängt hast, um die Bullen zu klippen«, sagte er zu ihm, was in normaler Sprache etwa hieß: ich sehe, daß du dich elegant gekleidet hast, um die Polizei zu täuschen.

»Ach«, murmelte Dutilleul, »du hast mich erkannt ...«

Das störte ihn sehr, und er beschloß, seine Reise nach Ägypten zu beschleunigen. Doch am Nachmittag dieses Tages verliebte er sich auf den ersten Blick in eine blonde Schönheit, die er zweimal innerhalb einer Viertelstunde auf der Rue Lepie traf. Er vergaß darüber seine Briefmarken ebenso wie seine Reise nach Ägypten.

Die Blonde ihrerseits hatte ihn ebenfalls sehr interessiert betrachtet. Nichts wirkt stärker auf die Einbildungskraft einer jungen Frau von heute als Knickerbocker und eine Hornbrille. Das erinnert an Filmhelden und weckt Träume von Cocktails und kalifornischen Nächten. Unglücklicherweise war die Schöne, wie Dutilleul von Gen Paul erfuhr, mit einem brutalen und eifersüchtigen Mann verheiratet. Dieser argwöhnische Gatte, der im übrigen selbst ein ausgesprochenes Junggesellenleben führte, ließ die Frau regelmäßig von zehn Uhr abends bis vier Uhr morgens allein, aber er war vorsichtig genug, sie in ihrem Zimmer einzuschließen, ehe er wegging, den Schlüssel zweimal herumzudrehen und alle Fensterläden mit Vorhängeschlössern zu sichern. Tagsüber bewachte er sie auf das schärfste, und es kam sogar vor, daß er ihr auf den Straßen des Montmartre mißtrauisch folgte.

»Hält den Daumen drauf, verstehst du? Verdammter Geizkragen, der niemanden in seinem Reseda spazieren läßt.«

Aber durch diese Mitteilung erreichte Paul nur, daß Dutilleul Feuer und Flamme wurde. Am nächsten Morgen begegnete er der jungen Frau auf der Rue Tholozé und wagte es, ihr in einen Milchladen zu folgen. Während sie wartete, bis die Reihe an sie kam, sagte er ihr, daß er sie unendlich liebe und verehre und daß er alles wisse: von dem bösen Mann, der verschlossenen Tür und den Fensterläden, aber er würde trotzdem heute abend in ihr Zimmer kommen. Die Blonde errötete, der Milchtopf zitterte in ihrer Hand, die Augen, die ihn zärtlich ansahen, wurden feucht, und sie hauchte kaum verständlich: »Ach, das ist unmöglich!«

Am Abend dieses strahlenden Tages faßte Dutilleul tatsächlich gegen 10 Uhr in der Rue Norvins Posten, den Blick unverwandt auf eine starke Umfassungsmauer mit einem kleinen Haus dahinter, von dem er nur die Wetterfahne und den Schornstein sehen konnte, gerichtet. Eine Tür in der Mauer öffnete sich, und ein Mann ging zur Rue Junot hinab, nachdem er die Pforte sorgfältig verschlossen hatte. Dutilleul wartete, bis der Mann weit unten an der Straßenbiegung verschwunden war, und zählte dann noch bis zehn. Dann sprang er hervor, trat mit raschem, sportlichem Schritt in die Mauer, durchlief alle Hindernisse und drang in das Zimmer der schönen Gefangenen ein. Sie empfing ihn trunken vor Wonne, und sie liebten sich bis reichlich ein Uhr.

Am anderen Tag hatte Dutilleul ärgerlich heftige Kopfschmerzen. Aber er nahm sie nicht weiter wichtig, er wollte deswegen sein Stelldichein nicht versäumen. Immerhin nahm er von den Tabletten, die er zufällig in seiner Nachttischschublade fand, je eine am Morgen und eine am Nachmittag. Gegen Abend waren die Schmerzen erträglich, und die Erregung ließ ihn sie vollends vergessen. Die junge Frau empfing ihn mit all der Ungeduld, die der Erinnerung an den vorigen Abend entsprang, und in dieser Nacht liebten sie sich bis gegen drei Uhr des Morgens. Als dann Dutilleul durch die Wände und Mauern des Hauses ging, hatte er ein ungewohntes Gefühl, wie wenn ihn etwas an Schultern und Hüften streifte. Doch glaubte er dem nicht weiter Beachtung schenken zu müssen. Erst als er in die Umfassungsmauer eindrang, hatte er das deutliche Empfinden eines Widerstandes. Es schien ihm, als bewege er sich in einer Masse, die zwar noch flüssig war, aber rasch breiig wurde und bei jedem Schritt vorwärts an Festigkeit zunahm. Als es ihm schließlich gelungen war, ganz in die Mauer einzudringen, merkte er, daß er nicht weiterkam, und erinnerte sich mit Schrecken an die beiden Tabletten, die er im Lauf des Tages genommen hatte. Diese Tabletten, die er für Aspirin gehalten hatte, enthielten in Wirklichkeit jenes tetravalente Pulver, das ihm der Arzt im vorigen Jahr verschrieben hatte. Die Wirkung des Medikaments zusammen mit einer intensiven Überanstrengung manifestierte sich auf eine unerwartete Art.

Dutilleul blieb wie erstarrt im Innern der Mauer. Er steckt immer noch darin, eingeschlossen in den Stein. Die Nachtschwärmer, die um die Stunde, wo der Lärm der Großstadt verebbt, durch die Rue Norvins gehen, hören manchmal eine schwache Stimme, die von jenseits des Grabes zu kommen scheint. Sie halten sie für die Klage des Windes an den Straßenecken der Butte Montmartre. Das ist Garou-Garou Dutilleul, der das Ende seiner ruhmreichen Laufbahn und die ach so kurze Dauer seiner süßen Liebe beklagt. In gewissen

Winternächten geschieht es, daß der Maler Gen Paul sich mit der Gitarre in die hallende Einsamkeit der Rue Norvins hinauswagt, um den armen Gefangenen mit einem Lied zu trösten, und die Akkorde, die unter seinen erstarrenden Händen ersterben, dringen wie Silbertropfen des Mondes in das steinerne Herz.

Italo Calvino

DER WALD DER TIERE

Am Tage der Razzia geht es im Wald zu wie auf dem Jahrmarkt. Zwischen Büschen und Bäumen abseits von den Wegen kommen ständig Familien vorbei, die ihre Kuh oder ihr Kalb vor sich hertreiben, oder alte Weiblein, die ihre Ziege am Strick führen, oder kleine Mädchen mit einer Gans unterm Arm. Es gibt Leute, die sich sogar mit ihren Kaninchen davonmachen.

Überall, wo die Kastanienbäume dichter werden, trifft man auf dickbäuchige Rinder und ununterbrochen läutende Kühe, die nicht wissen, wie sie sich auf den abschüssigen Hängen bewegen sollen. Besser finden sich die Ziegen zurecht, am zufriedensten aber sind die Maultiere, die endlich einmal keine Lasten zu tragen brauchen und die Rinden auf den Waldwegen abnagen. Die Schweine durchwühlen den Boden und zerstechen sich ihren ganzen Rüssel an den Kastanienschalen; die

Hennen hocken sich auf die Äste und jagen den Eichhörnchen Angst ein; die Kaninchen, die in ihrer jahrhundertelangen Stallexistenz das Graben von Höhlen verlernt haben, wissen nichts Besseres, als sich in hohle Bäume hineinzuzwängen. Mitunter treffen sie dort auf Haselmäuse, von denen sie gebissen werden.

An jenem Morgen war der Bauer Giuà Dei Fichi an einer entlegenen Stelle des Waldes beim Holzhacken. Von alledem, was im Dorfe vor sich ging, hatte er keine Ahnung, denn um in aller Frühe Pilze zu sammeln, war er schon am Abend zuvor aufgebrochen und hatte mitten im Wald in einer Hütte übernachtet.

Nun war er überrascht, als er von nah und fern im ganzen Wald ein unbestimmtes Glöckchengeklingel vernahm. Er ließ die Axt sinken und hörte Stimmen, die sich näherten. Da rief er: »Oooo-u!« Giuà Dei Fichi war ein untersetztes und rundliches Männlein mit einem von Bartstoppeln geschwärzten und vom Wein geröteten Vollmondgesicht; er trug eine zuckerhutförmige grüne Kopfbedeckung mit einer Fasanenfeder, ein Hemd mit gelbem Kugelmuster unter der Drillichweste; den Kugelbauch umschloß eine rote Schärpe, um die Hosen zu halten, die er mit bläulichen Holzklötzen vollgestopft hatte.

»Ooo-u!« antworteten sie ihm, und dann kam zwischen dem moosgrünen Felsgestein ein Bäuerlein mit

Schnauzbart und Strohhut zum Vorschein – sein Nachbar, der einen weißbärtigen Bock hinter sich herzog.

»Was treibst du denn hier?« fragte der Nachbar. »Die Deutschen sind im Dorf und durchsuchen alle Ställe.«

»O weh!« schrie Giuà Dei Fichi, »dann werden sie meine Kuh Coccinella finden und sie mitnehmen.«

»Lauf«, riet ihm der Nachbar, »vielleicht kommst du noch rechtzeitig und kannst sie verstecken. Wir haben die Marschkolonne gesehen, als sie drunten aus dem Tal hochstieg, und sind sofort ausgerückt. Vielleicht sind sie aber noch nicht an deinem Haus angelangt.«

Giuà ließ Holz, Axt und Pilzkorb liegen und eilte davon. Als er durch den Wald rannte, stieß er auf hintereinander watschelnde Enten, die ihm flügelschlagend zwischen die Füße liefen, auf Schafherden, die dicht gedrängt einherzogen, ohne ihm Platz zu machen, und auf Jungen und alte Frauen, die ihm zuriefen: »Sie sind schon bei der Madonetta! Jetzt durchstöbern sie die Häuser über der Brücke! Ich hab sie auf der ersten Straßenbiegung im Dorf gesehen!« Giuà Dei Fichi sputete sich mit seinen kurzen Beinen, rollte wie eine Kugel die Hänge hinunter, überwand die Steigungen, während ihm das Herz im Halse klopfte.

So lief er und lief, bis er auf einen Hügelrücken gelangte, von dem man aufs Dorf hinunterschauen konnte. Der Blick schweifte weit umher In der milden

Morgenluft, im verschwommenen Umkreis der Berge; mittendrin lag das Dorf mit seinen unverputzten, ganz aus Steinen und Schiefer geschichteten Häusern. Und in der klaren Luft drang fremdartiges Geschrei und Fäustehämmern gegen Haustüren herüber.

»O weh, sie sind schon in den Häusern.«

Giuà Dei Fichi zitterte an allen Gliedern: teils war es ein gewöhnliches Zittern, das vom Trinken herrührte, teils kam es ihn jetzt an, weil er an die Kuh Coccinella denken mußte, sein einziges Hab und Gut, das ihm nun genommen werden sollte.

Sachte, sachte, auf Abkürzungen über die Felder, wobei er hinter den Rebenreihen Deckung suchte, arbeitete sich Giuà Dei Fichi voran. Sein Haus war eines der letzten; es lag am Rande – dort, wo das Dorf in Gemüsegärten überging – inmitten eines grünen Gurkenmeeres; vielleicht hatten es die Soldaten noch nicht erreicht.

Vorsichtig nach allen Richtungen spähend, begann er den Hang über dem Dorf hinunterzurutschen. Vor ihm lag die leere Straße mit den gewohnten Heu- und Stallgerüchen und den neuartigen Geräuschen, die von der Dorfmitte zu ihm drangen: entmenschte Stimmen und Getrappel von Nagelstiefeln. Dort lag sein Haus: es war noch verschlossen. Verschlossen war die Stalltür zu ebener Erde und ebenso die Haustür über der abgetretenen Außentreppe zwischen den in Töpfe gepflanzten

Basilienkrautbüscheln. »Muuuuuu«, machte es aus dem Stall. Das war die Kuh Coccinella, die spürte, daß ihr Herr sich näherte. Giuà war befriedigt.

Doch da hörte er einen menschlichen Schritt unter einem Torbogen widerhallen. Giuà versteckte sich in einer Türöffnung, indem er den runden Bauch einzog. Es war ein Soldat von bäuerischem Aussehen, mit abgemagertem Hals und hageren Halsgelenken, die aus der kurzen Jacke herausragten; mit überlangen Beinen und einem alten Schießprügel, der so lang war wie der Mann selber. Er hatte sich von seinen Kameraden entfernt, weil er auf eigene Faust etwas zu erjagen hoffte, und auch, weil ihn die Dinge und Gerüche des Dorfes an bekannte Dinge und Gerüche erinnerten. So schritt er voran, schnupperte in die Luft und spähte mit seinem gelben Schweinsgesicht unter dem Schirm der zerdrückten Mütze in die Runde. Im gleichen Augenblick machte Coccinella: »Muuuuuu ...« Sie begriff nicht, weshalb ihr Herr noch immer nicht bei ihr war. Den Deutschen durchzuckte es in seiner kümmerlichen Kluft, und sofort ging er auf den Stall zu. Giuà Dei Fichi stockte der Atem.

Er sah, wie der Soldat die Tür mit heftigen Fußtritten traktierte; bald mußte sie nachgeben, das war gewiß. Giuà schlich sich daher um die Ecke und gelangte hinter das Haus; er betrat die Scheune und begann, das Heu zu durchstöbern. Dort war seine alte Jagdflinte mit einer Patronentasche versteckt. Er lud das Gewehr mit zwei Kugeln, wie sie für Wildschweine Verwendung finden, band sich die Patronentasche um den Bauch und schlich behutsam mit angelegter Flinte zum Stalleingang, um sich dort auf die Lauer zu legen.

Schon bald kam der Soldat heraus und zog Coccinella an einem Strick hinter sich her. Es war eine stattliche buntscheckige Kuh, und deshalb hieß sie auch Coccinella: Marienkäferchen. Sie war jung, liebebedürftig und empfindsam; daher wollte sie sich nicht von diesem unbekannten Mann fortholen lassen und zeigte sich störrisch. Der Soldat mußte sie am Widerrist packen, um sie weiterzutreiben.

Hinter einer Mauer versteckt, brachte Giuà Dei Fichi seine Flinte in Anschlag. Man muß nun wissen, daß er der schlechteste Schütze des Dorfes war. Noch nie, nicht einmal aus Versehen, war es ihm geglückt, ein Eichhörnchen, geschweige denn einen Hasen zu erlegen. Wenn er auf sitzende Vögel schoß, bewegten sie sich überhaupt nicht auf ihrem Ast. Keiner wollte mit ihm auf die Jagd gehen, weil er die Sitzflächen seiner Begleiter mit Schrot spickte. Er sah das Ziel nicht, und die Hände blieben nicht ruhig. Man kann sich vorstellen, wie es jetzt um ihn stand, aufgeregt, wie er war.

Er legte an, aber die Hände zitterten ihm, und die

Mündung seiner Flinte vollführte Kreisbewegungen. Er bemühte sich, auf das Herz des Soldaten zu zielen, aber auf einmal erschien ihm das Hinterteil seiner Kuh über dem Korn. Herrje, dachte Giuà, wenn ich jetzt auf den Deutschen schieße und statt dessen Coccinella umbringe. So getraute er sich nicht abzudrücken.

Der Soldat kam nur mühsam mit der Kuh voran, da sie die Nähe ihres Herrn spürte und sich nicht fortziehen ließ. Auf einmal bemerkte er, daß seine Kameraden das Dorf bereits geräumt hatten und auf der Landstraße ins Tal hinunterzogen. Mit der widerstrebenden, störrischen Kuh hinter sich machte er sich auf, sie einzuholen. Giuà folgte ihm in einiger Entfernung, sprang hinter Hecken und Mäuerchen und brachte von Zeit zu Zeit die Flinte in Anschlag. Es gelang ihm jedoch nicht, die Waffe still zu halten, und Soldat und Kuh waren einander ständig so nah, daß er sich nicht traute, einen Schuß abzugeben. Mußte er es wirklich zulassen, daß man sie ihm wegnahm?

Um die sich entfernende Marschkolonne zu erreichen, schlug der Soldat einen Abkürzungsweg durch den Wald ein. Jetzt konnte ihm Giuà leichter folgen, indem er sich hinter den Baumstämmen versteckte. Und vielleicht würde sich jetzt der Abstand zwischen dem Soldaten und der Kuh so weit vergrößern, daß er sicherer zum Schuß kam.

Sobald Coccinella im Walde war, hatte sie offenbar ihr Widerstreben gegen den Spaziergang verloren; ja, sie übernahm sogar die Führung, da sich der Soldat auf den Waldpfaden schlecht zurechtfand, und gab an Kreuzwegen die Richtung an. Es dauerte nicht lange, bis ihr Begleiter bemerkte, daß er sich nicht auf dem Abkürzungswege der Landstraße, sondern im dichten Wald befand: anders gesagt, daß er sich mitsamt dieser Kuh verirrt hatte.

Giuà Dei Fichi zerkratzte sich die Nase an Dornbüschen und landete mit beiden Füßen in Bächen, aber inmitten des Geschwirrs auffliegender Zaunkönige und während Sumpffrösche vor ihm die Flucht ergriffen, blieb er dem Soldaten auf den Fersen. Zwischen den Bäumen zu zielen war noch schwerer, als das Ziel bei so vielen Hindernissen und angesichts der rot-schwarzen Kruppe zu verfolgen – dieser Kruppe, die so ausladend war, daß sie ständig in seinem Blickfeld blieb.

Der Soldat betrachtete bereits angstvoll den dichten Wald und überlegte sich, wie er wieder herausfinden könnte, als er in einem Meerkirschenstrauch ein Rascheln hörte, worauf ein prächtiges rosa Schwein hervorkam. In seiner Heimat hatte er noch niemals Schweine gesehen, die sich im Wald herumtrieben. Er ließ den Strick los, an dem er die Kuh führte, und setzte hinter dem Schwein her. Sobald Coccinella sich frei sah, trabte sie in den Wald hinein, in dem sie so viel vertrautes Getier sich tummeln sah.

Für Giuà war nun der Augenblick gekommen, einen Schuß abzugeben. Der Soldat machte sich mit dem Schwein zu schaffen, umschlang es, um es festzuhalten, es entschlüpfte ihm jedoch.

Giuà wollte eben abdrücken, als zwei Kinder vor ihm auftauchten: ein Junge und ein kleines Mädchen mit wollenen Zipfelmützen und langen Strümpfen. Den Kindern rannen die Tränen über die Backen. »Schieß gut, Giuà, wir bitten dich!« sagten sie. »Wenn du uns das Schwein umbringst, haben wir nichts mehr auf der Welt.« In Giuà Dei Fichis Händen begann die Flinte wieder Tarantella zu tanzen: er hatte ein zu gutes Herz und regte sich allzusehr auf, nicht, weil er den Soldaten umbringen sollte, aber wegen der Gefahr, die dem Schwein der beiden armen Kinder drohte.

Der Soldat kugelte mit dem Schwein in den Armen gegen Steine und Sträucher, es wehrte sich und quiekte. »Giiii ... giii ... giii.« Auf einmal antwortete ein »Bäh ...« auf das Quieken; dann kam ein Lämmchen aus einer Höhle heraus. Der Soldat ließ das Schwein entwischen und nahm die Verfolgung des Lämmchens auf. Sonderbarer Wald, dachte er, wo Schweine in Sträuchern und Lämmer in Höhlen hausen! Und nachdem er das aus Leibeskräften meckernde Lämmchen wie der gute Hirte auf seine Schultern genommen hatte, ging er weiter. Giuà Dei Fichi folgte ihm behutsam. »Diesmal entgeht er mir nicht. Diesmal muß er dran glauben«, sagte er und wollte schon abdrücken, als ihm eine Hand den Flintenlauf hochschlug. Es war ein alter weißbärtiger Hirte, der ihm die Hände entgegenstreckte und sagte: »Giuà, erschieß mir nicht das Lämmchen, bring *ihn* um, aber nicht das Lämmchen! Ziel gut, nur dies eine Mal, ziel gut!« Doch jetzt begriff Giuà überhaupt nichts mehr und fand nicht einmal den Abzugshahn.

Der Soldat machte Entdeckungen auf seinem Waldgang, daß er aus dem Staunen nicht herauskam: Da gab es Küken auf den Bäumen und Meerschweinchen, die aus hohlen Stämmen hervorpurzelten. Die ganze Arche Noah war vertreten. Auf einem Pinienast sah er einen Truthahn sitzen, der ein Rad schlug. Plötzlich hob er die Hand, um ihn zu greifen, der Truthahn machte jedoch einen kleinen Satz und hockte sich auf einen höheren Ast, wobei er ständig weiter Rad schlug. Der Soldat ließ darauf das Lämmchen laufen und begann die Pinie hinaufzuklettern. Sobald er jedoch eine Astreihe erreicht hatte, verzog sich der Truthahn, ohne die Ruhe zu verlieren, flog kerzengerade und mit herabhängendem, rotleuchtendem Koller ein Stockwerk höher.

Mit einem belaubten Zweig auf dem Kopf, zwei weiteren auf den Schultern und einem, den er auf dem

Flintenlauf befestigt hatte, schlich sich Giuà unter den Baum. Doch da trat ein dickes Mädchen zu ihm, das sich ein rotes Taschentuch um den Kopf gebunden hatte. »Giuà«, sagte es, »hör zu, wenn du den Soldaten umbringst, heirate ich dich; wenn du mir den Truthahn umbringst, schlitz ich dir den Bauch auf.« Giuà, der schon betagt, aber unbeweibt und schamhaft war, wurde puterrot, während sich die Flinte vor ihm drehte wie ein Bratenwender.

Der Soldat war beim Klettern an die dünneren Äste gelangt; schließlich brach ihm einer unter den Füßen, und er fiel herunter. Um ein Haar wäre er auf Giuà Dei Fichi gestürzt, der hatte jedoch diesmal aufgepaßt und sprang davon. Er ließ aber alle Zweige, die ihm zur Tarnung dienten, auf den Boden fallen, so daß der Soldat weich landete und nicht zu Schaden kam.

Im Fallen sah er auf dem Waldpfad einen Hasen. Es war indessen kein Hase, sondern ein dickbäuchiges, rundliches Tierchen, das nicht davonlief, als es ein Geräusch hörte, und sich flach auf den Boden legte. Es war ein Kaninchen, und der Soldat packte es an den Ohren. Dann ging er mit ihm weiter, während es winselte und sich nach allen Seiten wand; damit es ihm nicht entwischte, hielt er es hoch in die Luft und sprang dabei hin und her. Überall hallte der Wald wieder von Gemuh, Gemecker und Gegacker; auf Schritt und Tritt entdeckte man neue Tiere: einen Papagei auf dem Ast einer Steineiche, drei rote Fische, die in einer Quelle herumflitzten. Bäuchlings auf dem Ast einer alten Eiche liegend, verfolgte Giuà den Tanz des Soldaten mit dem Kaninchen. Es war jedoch schwierig, auf ihn zu zielen, da das Kaninchen verzweifelt zappelte und dabei immer wieder ins Zielfeld geriet. Giuà spürte, wie ihn jemand an einem Zipfel der Weste zog: es war ein junges Mädchen mit Zöpfen und Sommersprossen im Gesicht. »Schieß mir das Kaninchen nicht tot, Giuà; sonst kommt es aufs gleiche heraus, als wenn mir der Deutsche es fortholt!«

Derweil hatte der Soldat ein Gewirr grauer Felsen erreicht, die von blauen und grünen Flechten zernagt waren. Nur wenige ausgemergelte Pinien wuchsen hier, und in der Nähe öffnete sich ein Abgrund. Inmitten der Piniennadeln, die den Boden bedeckten, scharrte eine Henne. Der Soldat lief ihr nach, wodurch ihm das Kaninchen entwischte.

Es war das magerste, älteste und abgerupfteste Huhn, das sich denken ließ. Es gehörte der alten Girumina, der ärmsten Frau des Dorfes. Der Soldat bekam es bald zu fassen.

Giuà hatte in diesen Felsen Stellung bezogen und für seine Flinte eine Unterlage aus Steinen errichtet. Er hatte sogar eine richtige kleine Festung aufgebaut, die lediglich eine enge Schießscharte für den Flintenlauf frei ließ. Nunmehr konnte er unbedenklich das Feuer eröffnen, denn selbst wenn er die magere Henne erlegte, war der Schaden nicht groß.

Doch in diesem Augenblick trat die alte Girumina zu ihm, die in schwarze und zerlumpte Tücher gehüllt war, und erklärte ihm: »Gib acht, Giuà, wenn mir die Feinde die Henne fortnehmen, das einzige, was mir auf dieser Erde verbleibt, so ist das schon traurig genug. Wenn du sie aber mit deiner Schießerei umbringst, so ist das noch ärger.«

Giuà begann noch stärker zu zittern als bisher, da er sich seiner großen Verantwortung bewußt war. Er nahm sich jedoch zusammen und drückte ab.

Der Soldat hörte den Schuß und sah, daß das in seiner Hand flatternde Huhn keinen Schwanz mehr hatte. Ein weiterer Schuß folgte, worauf der Henne ein Flügel fehlte. War diese Henne denn verhext, daß sie von Zeit zu Zeit explodierte und ihm in der Hand zerging? Noch ein Schuß, und jetzt war die Henne völlig federlos, bereit für die Bratröhre, aber sie hörte nicht auf zu flattern. Der Soldat wurde nachgerade von Entsetzen gepackt und hielt sie, ihren dürren Hals umklammernd, weit von sich ab. Giuàs vierter Schuß riß ihr den Hals unmittelbar unter seiner Hand ab, und so blieb ihm nur noch der Kopf, der sich weiterbewegte. Er warf ihn weg und nahm Reißaus. Er fand jedoch keine Wege mehr. Neben ihm gähnte der felsige Abgrund. Unmittelbar davor wuchs ein Johannisbrotbaum, und auf dessen Ästen sah der Soldat eine große Katze umherklettern.

Jetzt erstaunte es ihn nicht mehr, daß Haustiere überall im Walde verstreut waren, und so streckte er die Hand aus, um die Katze zu streicheln. Er packte sie am Nacken und hoffte, daß ihr Schnurren ihn trösten werde.

Man muß wissen, daß der Wald seit geraumer Zeit von einer grausamen Wildkatze heimgesucht wurde, die alles Geflügel umbrachte und sich mitunter sogar in die Hühnerställe des Dorfes vorwagte. Und so kam es, daß sich der Soldat, der ein behagliches Schnurren erwartet hatte, auf einmal von einer Bestie mit gesträubtem Fell angefallen sah und spürte, wie er von ihren Krallen zerfleischt wurde. In dem anschließenden Kampfe stürzten Mensch und Tier miteinander in den Abgrund.

Derart begab es sich, daß Giuà, der kümmerliche Schütze, als größter Partisan und Jäger des Dorfes gefeiert wurde. Die arme Girumina wurde auf Kosten der Gemeinde durch eine Brut Küken entschädigt.

Jean Cau

DAS PARADIES

Immer hastiger durchwühlt der Opa seine Taschen. Sogar in der Innenseite seiner Mütze sieht er nach. Er sagt: »Weißt du, was mir passiert ist? Ich habe die Adresse von diesem verflixten Joseph verloren. Das geht ja prima los.« Er setzt den Reisekorb auf einer Bank in der Bahnhofshalle ab und durchwühlt ihn mit seinen wulstigen Fingern. »Wo kann ich sie bloß hingetan haben, diese verfluchte Adresse? Und Joseph wartet doch auf uns! Was machen wir nun? In einer Stunde fängt die Sperrstunde an ...«

Pitchou – so nennt ihn sein Großvater – ist entzückt. Was für ein Abenteuer! Sie sind in der großen Stadt verloren! Falls der Opa die Adresse von Joseph nicht wiederfindet. Es ist zwei Wochen her, daß sie zu Hause von dieser Reise gesprochen haben, wegen dem Tod von dem anderen Vetter und dem geerbten Weinberg. Aber die Hälfte davon gehört Joseph, der vor ewigen Zeiten das Dorf verlassen hat und »in einer Verwaltung« arbeitet, man weiß nicht in welcher, »in der Stadt«. Pitchou war schon müde, doch diese gute Nachricht – sie haben die Adresse von Joseph verloren! – hat ihn wieder munter gemacht. Der Opa aber macht sich Sorgen. Unmöglich, im übervollen Wartesaal des Bahnhofs zu übernachten, mit dem Kleinen, der vor Müdigkeit fast umfällt. Auf der Wache nach der Adresse fragen? Joseph ist ein rechtschaffener Mann, und es gibt keinen Grund, weshalb die Polizei seine Adresse haben sollte.

»Das geht ja prima los, nicht Opa?«

»Ja.«

»Und was machen wir jetzt?«

»Wir machen«, sagt der Alte, der einen Entschluß gefaßt hat, »daß man nicht x Sachen auf einmal machen kann. Man kann nur eins auf einmal machen. Wir werden irgendwo schlafen, und morgen gehen wir zur Post, dann rufen wir in Cassabel an und sagen Marie-Rose, der Postfrau, daß sie mal schnell zu Hause vorbeigehen und uns die Adresse von Joseph sagen soll. Dein Vater und deine Mutter werden sich freuen! Die werden mir noch in den Ohren liegen, wenn wir wieder da sind!«

»Und wo schlafen wir, Opa?«

»Im Hotel. Wo sollen wir sonst hingehen?«

»Im Hotel?«

Der Opa nickt. Das ist ihm noch nie passiert. Darum

ist er ein bißchen aufgeregt. Mit zweiundsiebzig Jahren im Hotel schlafen!

»Wie ist denn ein Hotel, Opa?«

»Da gibt's Zimmer.«

»Und woran sieht man, daß es ein Hotel ist?«

»Da scheint ein Licht. Los, gehn wir. Gib mir die Hand. Wir schaffen es gerade noch bis zur Sperrstunde.«

Sie gehen los, aufs Geratewohl. Sie laufen durch die große Stadt, die wie ausgestorben ist. Pitchou wird allmählich müde.

»Man sieht, daß sie Angst vor den Boches haben«, sagt der Opa. »Sie sind schon alle schlafen gegangen. Man kommt sich vor wie in Cassabel.« Schließlich hält der Opa einen eiligen Passanten an. »Sie wissen nicht zufällig, wo man ein Hotel finden kann? Ich hab den Kleinen hier mit ...«

Der Passant sagt, daß sie bis zum Platz gehen sollen, dann nach links und dann die erste rechts. »Aber beeilen Sie sich ...« Ja, ja ... Sie hasten weiter. Der Opa hat so was nicht gern, aber es bleibt ihnen nichts anderes übrig, wegen der Sperrstunde, die in einer Viertelstunde beginnt.

Da ist es. Und das Licht auch.

»Es heißt ›Zum Gestiefelten Kater‹, das Hotel, Opa?« fragt Pitchou schlaftrunken.

»Ja, ja, so heißt es ... Wir klopfen mal ...«

Eine schöne wohlriechende Dame öffnet die Tür einen Spalt und sagt schließlich: »Kommen Sie herein ...« Sie ist erstaunt. Sie betrachtet den Opa und Pitchou. Und den Reisekorb. »Sie möchten ein Zimmer zum Übernachten?«

»Ja, ich hab den Kleinen mit, er ist müde ...« Pitchou hat noch nie eine so schöne Dame gesehen, mit ihrem roten Kleid und den schwarzen Schuhen. Und so schön duftend.

»Aber das ist kein Hotel hier!« sagt sie und fängt lauthals an zu lachen. Warum?

Der Opa erklärt ihr, daß er die Adresse von Joseph verloren hat. Er erklärt das mit der Sperrstunde. Die Dame lacht nicht mehr, sie schaut freundlich drein. »Ach nein!« Dann sagt sie: »Na, was soll's, kommen Sie in den Salon!«

Pitchou hat noch nie ein so hübsches Haus gesehen. Ein Salon! In dem Salon sind drei weitere Damen, in Hemdchen, wohlduftend, mit roten Lippen, und sie lachen, als die andere Dame ihnen erzählt, daß der Opa ein Zimmer sucht. Sie küssen Pitchou ab. Sie finden ihn allerliebst. »Und du bist müde, armes Schätzchen?«

Der Opa steht da, mit dem Reisekorb in der Hand. »Weißt du, Pitchou, ich glaube, wir haben uns geirrt ...«

»Geirrt, Opa?«

»Aber nicht doch«, sagt eine Dame. »Das machen wir schon. Nicht wahr, Madame Jeanne? Sie sind großartig, die beiden!«

»Wir werden Sie doch nicht auf der Straße lassen mit dem kleinen Engel da«, sagt Madame Jeanne zum Opa, »wir bringen Sie schon unter. Aber erst mal, was möchten Sie trinken?«

»Nichts, nichts«, sagt der Opa, »Sie sind so liebenswürdig ...«

»Doch, doch«, erwidert eine Dame, »ich spendiere. Stellen Sie Ihren Korb ab, Opa, was trinken Sie?«

»Ein Gläschen Glühwein, wenn Sie unbedingt wollen ...«

»Möchten Sie nicht ein Schlückchen Sekt, Opa, um das zu feiern?«

»Nein, nein, den mag ich nicht so besonders.«

»Und woher kommen Sie?«

»Aus Cassabel«, sagt der Opa.

»Sie sind nämlich noch ein schöner Mann«, meint eine Dame zu ihm.

»Oh, ein schöner Mann! Ich bin alt ...«

Der Opa hat sich jetzt auf einer Art Bett niedergelassen, in dem Salon, und trinkt sein Gläschen Glühwein. Pitchou sitzt auf den Knien von Madame Jeanne und macht langsam die Augen zu. Er fühlt sich wohl. Das Hotel ist das Paradies. Die Damen sind wie liebe gute

Heilige, von wohligen Düften umgeben. Madame Jeanne streichelt sein Haar und drückt ihn an sich. Bevor er einschläft, sieht er noch, daß der Opa guter Laune ist und sich den Bart reibt. Er erzählt den drei Damen, die neben ihm sitzen, Geschichten. Eine von ihnen sagt zu ihm: »Sind Sie nun zufrieden, daß Sie sich mit dem Hotel geirrt haben?«

»Na, na«, erwidert der Opa. Er sagt noch etwas, aber Pitchou hört es nicht mehr, weil sein schlaftrunkener Kopf gegen Madame Jeannes Schulter gerutscht ist. Er schläft. Und wie er schläft, der Engel. Wie im Paradies!

Roald Dahl

DES PFARRERS FREUDE

Mr. Boggis fuhr langsam dahin, behaglich zurückgelehnt, den Ellbogen auf den Rahmen des offenen Wagenfensters gestützt. Eine herrliche Gegend, dachte er, und wie erfreulich ist es, die ersten Boten des Sommers zu sehen. Vor allem die Schlüsselblumen, den Weißdorn und den Rotdorn. Die Hecken standen in voller Blüte, weiß, rosa und rot; darunter leuchteten in kleinen Büscheln die gelben Schlüsselblumen, und das war wunderschön.

Er ließ das Lenkrad mit einer Hand los und zündete sich eine Zigarette an. Am besten fahre ich jetzt den Brill Hill hinauf, beschloß er. Der Hügel lag vor ihm, etwa eine halbe Meile entfernt. Und das da mußte das Dorf Brill sein, diese in Grün eingebettete Gruppe ländlicher Häuser auf dem Gipfel. Ausgezeichnet. Nicht oft fand er bei seinen Sonntagsunternehmen ein so günstig gelegenes Arbeitsgebiet.

Oben auf dem Hügel brachte er den Wagen am Rande des Dorfes zum Stehen, stieg aus und hielt Umschau. Wie ein riesiger grüner Teppich breitete sich die Landschaft vor ihm aus. Er konnte meilenweit sehen. Sehr gut war das. Er zog einen Block und einen Bleistift aus der Tasche, lehnte sich an den Wagen und ließ seinen geübten Blick langsam in die Runde schweifen.

Zur Rechten entdeckte er inmitten der Felder ein mittelgroßes Bauernhaus, zu dem von der Landstraße her ein Weg führte. Dahinter stand ein größeres. Dann war da ein von hohen Ulmen umgebenes Haus, das aus der Zeit Queen Annes stammen mochte, und auch die beiden Bauernhöfe, die weiter nach links lagen, sahen vielversprechend aus. Insgesamt also fünf. Das war wohl alles auf dieser Seite.

Mr. Boggis zeichnete in groben Zügen einen Lageplan auf seinen Block, damit er die Häuser nachher mühelos wiederfinden konnte. Dann stieg er in seinen Wagen und fuhr durch das Dorf auf die andere Seite des Hügels. Von dort erspähte er sechs weitere Möglichkeiten – fünf Höfe und ein großes weißes Haus in Georgianischem Stil. Es sah sauber und gepflegt aus, auch der Garten war in bester Ordnung. Schade. Er schaltete es sofort aus. Zu wohlhabenden Leuten zu gehen hatte gar keinen Sinn.

Mithin blieben alles in allem zehn Versuchsobjekte.

Zehn ist eine hübsche Zahl, sagte sich Mr. Boggis. Gerade richtig für eine gemächliche Nachmittagsarbeit. Wie spät war es jetzt? Elf Uhr. Eigentlich hätte er ja gern ein Glas Bier getrunken, bevor er anfing, aber sonntags wurden die Wirtshäuser erst um zwölf geöffnet. Na schön, dann eben später. Er warf einen Blick auf seinen Plan und entschied sich für das Queen-Anne-Haus, das mit den Ulmen. Durchs Fernglas hatte es so hübsch verfallen ausgesehen. Die Bewohner würden vermutlich etwas Geld gut gebrauchen können. Mit Queen-Anne-Häusern hatte er von jeher Glück gehabt. Mr. Boggis klemmte sich hinter das Lenkrad, löste die Handbremse und ließ den Wagen ohne Motor langsam den Hügel hinunterrollen.

Abgesehen davon, daß er im Augenblick als Geistlicher verkleidet war, gab es an Mr. Cyril Boggis nichts auszusetzen. Er war Antiquitätenhändler, hatte sich auf Möbel spezialisiert und besaß in Chelsea, in der King's Road, einen Laden mit Ausstellungsraum. Sein Lager war nicht groß, und die Geschäfte gingen nicht allzu gut, doch da er immer billig einkaufte, sehr, sehr billig sogar, und sehr, sehr teuer verkaufte, brachte er es doch fertig, jedes Jahr einen netten kleinen Verdienst herauszuschlagen. Er war äußerst gewandt und hatte die Gabe, beim Kaufen wie beim Verkaufen genau den Ton anzuschlagen, der ihm die Sympathie des jeweiligen

Kunden gewann: ernst, aber charmant für die Bejahrten, untertänig für die Reichen, schlicht für die Frommen, herrisch für die Weichen, mutwillig für die Witwen, frech und schelmisch für die alten Jungfern. Dieses Talentes war er sich durchaus bewußt, und er machte bei jeder Gelegenheit schamlos davon Gebrauch. Nach einer besonders gut geglückten Darbietung konnte er sich manchmal kaum enthalten, einen Schritt vorzutreten und sich zu verbeugen, als hätte ihm ein unsichtbares Publikum donnernden Applaus gespendet.

Trotz dieser ziemlich hanswurstmäßigen Eigenschaft war Mr. Boggis beileibe kein Narr. Man sagte ihm sogar nach, er verstehe von französischem, englischem und italienischem Mobiliar ebensoviel wie die besten Experten in London. Er hatte einen überraschend sicheren Geschmack, und wenn ihm ein Stück mißfiel, lehnte er es ohne Zögern ab, so echt es auch sein mochte. Seine eigentliche Liebe gehörte natürlich den Werken der großen englischen Kunsttischler und Architekten des achtzehnten Jahrhunderts – Ince, Mayhew, Chippendale, Robert Adam, Manwaring, Inigo Jones, Hepplewhite, Kent, Johnson, George Smith, Lock, Sheraton und wie sie alle heißen –, doch auch hier zog er gelegentlich eine Grenze. In seinem Ausstellungsraum duldete er zum Beispiel kein einziges Stück aus Chippendales chinesischer oder gotischer Periode, und ebenso verwarf er einige der massigeren italienischen Entwürfe von Robert Adam.

Durch sein Geschick, mit erstaunlicher Regelmäßigkeit ungewöhnliche, oft sogar sehr seltene Gegenstände aufzustöbern, hatte sich Mr. Boggis in den letzten Jahren beträchtlichem Ruhm bei seinen Geschäftsfreunden erworben. Anscheinend verfügte der Mann über eine nahezu unerschöpfliche Quelle, eine Art privaten Warenlagers, aus dem er sich von Woche zu Woche versorgte. Fragte man ihn, woher er die Sachen beziehe, so lächelte er überlegen und murmelte etwas von einem kleinen Geheimnis.

Hinter Mr. Boggis' kleinem Geheimnis steckte eine höchst einfache Idee. Sie ging auf ein Erlebnis zurück, das er vor nahezu neun Jahren gehabt hatte, als er eines Sonntagnachmittags über Land fuhr.

Er hatte sich am Morgen aufgemacht, um seine alte Mutter in Sevenoaks zu besuchen, und auf dem Rückweg war irgend etwas mit dem Kühler passiert, so daß sich der Motor überhitzte und das Wasser wegkochte. Er war ausgestiegen, zu dem nächsten Haus gegangen, einem Bauernhäuschen, etwa fünfzig Schritt von der Straße entfernt, und hatte die Frau, die ihm öffnete, um einen Krug Wasser gebeten.

Während er auf ihre Rückkehr vom Brunnen wartete,

warf er zufällig einen Blick durch die offene Tür ins Wohnzimmer, und dort, greifbar nahe, entdeckte er etwas so Aufregendes, daß ihm der Schweiß auf die Stirn trat. Es war ein großer eichener Armstuhl von besonderer Art – so einen hatte er erst einmal im Leben gesehen. Jeder Arm wie auch die Fläche der Rückenlehne ruhte auf acht wundervoll gedrechselten Spindeln. Die Rückenlehne selbst war mit einer Einlegearbeit verziert, einem herrlichen Blumenmuster, und ein geschnitzter Entenkopf nahm die Hälfte jeder der beiden Armstützen ein. Guter Gott, dachte Mr. Boggis, das ist ja spätes fünfzehntes Jahrhundert!

Er steckte den Kopf weiter durch die Tür, und siehe da, auf der anderen Seite des Kamins stand wahrhaftig noch so ein Sessel!

Ganz sicher wußte er es nicht, aber zwei Stühle wie diese waren in London mindestens tausend Pfund wert. Ach, und wie schön sie waren!

Als die Frau zurückkam, stellte Mr. Boggis sich vor und fragte ohne Umschweife, ob sie die Sessel vielleicht verkaufen wolle.

»Du meine Güte«, sagte sie, »warum in aller Welt sollte ich meine Sessel verkaufen?«

Aus keinem anderen Grunde, als weil er bereit sei, ihr ein schönes Stück Geld dafür zu bezahlen.

Tatsächlich? Wieviel denn? Sie denke zwar nicht

daran, zu verkaufen, aber aus Neugier, so zum Spaß, wissen Sie – wieviel würde er geben?

»Fünfunddreißig Pfund.«

»Wieviel?«

»Fünfunddreißig Pfund.«

Lieber Himmel, fünfunddreißig Pfund. Ja, ja, das sei sehr interessant. Für wertvoll habe sie die Stühle immer gehalten. Sie seien sehr alt. Und außerdem sehr bequem. Aber sie könne sie unmöglich entbehren, auf keinen Fall. Nein, da sei leider nichts zu machen. Trotzdem vielen Dank.

In Wirklichkeit, erklärte Mr. Boggis, seien die Sessel gar nicht so alt und daher auch keineswegs leicht zu verkaufen; er habe jedoch gerade einen Kunden an der Hand, der solche Sachen liebe. Vielleicht könne er noch zwei Pfund zulegen – sagen wir siebenunddreißig. Wie wäre es damit?

Eine halbe Stunde lang ging der Handel hin und her. Zuletzt bekam Mr. Boggis natürlich die Sessel und bezahlte dafür kaum den zwanzigsten Teil ihres Wertes.

Als Mr. Boggis am Abend nach London zurückfuhr – die beiden Prachtstücke waren im hinteren Teil des alten Kombiwagens untergebracht –, kam ihm plötzlich ein Gedanke, den er für glänzend hielt.

Sieh einmal, sagte er sich, wenn in diesem Bauernhaus gute Sachen sind, warum dann nicht auch in anderen? Sollte man also nicht danach suchen? Alle ländlichen Bezirke durchkämmen? Sonntags zum Beispiel, weil es dann nicht bei der Arbeit stört ... Mit dem Sonntag wußte Mr. Boggis ohnehin nie etwas anzufangen.

Er kaufte Landkarten, Karten in großem Maßstab von allen Grafschaften rund um London, und teilte sie mit einer feinen Feder in Quadrate ein, deren jedes ein Gebiet von fünf zu fünf Meilen umfaßte. Soviel konnte er seiner Schätzung nach bei gründlichem Vorgehen an einem Sonntag erledigen. Städte und große Dörfer wollte er außer acht lassen und lieber abgelegene Ortschaften, Bauernhöfe und mehr oder weniger verfallene Herrensitze aufsuchen. Wenn er allsonntäglich ein Quadrat abklapperte, zweiundfünfzig im Jahr, würde er nach und nach jeden Hof und jedes Bauernhaus der näheren und weiteren Umgebung erfassen.

Offensichtlich war es aber damit noch nicht getan. Landleute sind eine mißtrauische Gesellschaft. Ebenso die verarmten Reichen. Man kann nicht einfach an ihre Tür klopfen und erwarten, daß sie einem das ganze Haus zeigen, nur weil man es gern besichtigen möchte. Das tun sie nicht. Auf die Weise kommt man noch nicht einmal über die Schwelle. Wie sollte man sich also Einlaß verschaffen?

Vielleicht war es am besten, gar nicht zu sagen, daß man Händler war. Man konnte sich als Telefonmann ausgeben, als Klempner, als Beauftragter der Gasanstalt. Oder als Geistlicher ...

Damit bekam der Plan Hand und Fuß. Mr. Boggis ließ eine Menge Visitenkarten drucken, auf denen zu lesen stand:

REVEREND CYRIL WINNINGTON BOGGIS
Präsident der Gesellschaft
zur Erhaltung seltenen Mobiliars
In Verbindung
mit dem Victoria-und-Albert-Museum

Von nun an war er jeden Sonntag ein netter alter Pfarrer, der seinen Feiertag opferte, um der »Gesellschaft« einen Liebesdienst zu erweisen, indem er ein Inventar der in englischen Bauernhöfen und Landhäusern verborgenen Schätze aufnahm. Und wer in aller Welt hätte gewagt, ihn hinauszuwerfen, wenn er das hörte? Niemand. War Mr. Moggis erst einmal drinnen und entdeckte er zufällig etwas, was er gern haben wollte – nun, dann gab es hundert verschiedene Wege, zum Ziel zu kommen.

Zu seiner eigenen Überraschung ging alles wie am Schnürchen. Die Freundlichkeit, mit der er in einem Haus nach dem anderen empfangen wurde, war ihm anfangs sogar geradezu peinlich. Etwas kalte Pastete, ein

Glas Portwein, eine Tasse Tee, ein Korb Pflaumen, ein reichhaltiges Sonntagsmahl im Kreise der Familie, dergleichen wurde ihm immer wieder angeboten, ja aufgedrängt. Mitunter waren natürlich auch Minuten der Angst und unangenehme Zwischenfälle zu verzeichnen, aber neun Jahre, das sind mehr als vierhundert Sonntage, und in diesem Zeitraum kann man sehr viele Häuser besuchen. Alles in allem war es ein interessantes, aufregendes und lukratives Geschäft.

Und nun war wieder Sonntag, und Mr. Boggis betätigte sich in der Grafschaft Buckinghamshire, in einem der nördlichen Quadrate seiner Karte, ungefähr zehn Meilen von Oxford entfernt. Als er den Hügel hinabfuhr und sein erstes Haus, das verfallene im Queen-Anne-Stil, ansteuerte, stieg in ihm das Gefühl auf, dieser Tag werde sich zu einem seiner glücklichsten entwickeln.

Er parkte den Wagen in einigem Abstand vom Eingang und machte sich daran, die restlichen zweihundert Schritte zu Fuß zu gehen. Seinen Wagen ließ er nicht gern sehen, bevor ein Handel abgeschlossen war. Ein lieber alter Geistlicher und ein großer Kombiwagen schienen nicht recht zueinander zu passen. Der kurze Weg gab ihm zudem Gelegenheit, das Haus von außen zu betrachten und sich in eine der Situation entsprechende Stimmung zu versetzen.

Mr. Boggis ging schnell die Auffahrt hinauf. Er war ein kleiner Mann, dickbäuchig, mit fleischigen Schenkeln und einem runden, rosigen Gesicht, das wie gemacht für seine Rolle war. Die großen braunen Augen, die aus diesem rosigen Antlitz hervorquollen, wirkten ebenso freundlich wie dumm. Er war schwarz gekleidet, trug das übliche »Hundehalsband« der Geistlichen, und auf seinem Kopf saß ein weicher schwarzer Hut. In der Hand hielt er einen alten Spazierstock aus Eichenholz, der ihm seiner Meinung nach ein ländlich-gemütliches Aussehen verlieh.

Er näherte sich der Haustür und läutete. Gleich darauf hörte er Schritte in der Halle, die Tür öffnete sich, und vor ihm – oder eigentlich über ihm – stand eine riesenhaft große Frau in Reithosen. Nicht einmal der Rauch ihrer Zigarette konnte den kräftigen Geruch nach Stall und Pferdemist übertäuben, der von ihr ausging.

»Ja?« fragte sie mit einem mißtrauischen Blick. »Was wünschen Sie?«

Mr. Boggis, der halb und halb darauf gefaßt war, sie im nächsten Moment wiehern zu hören, lüftete den Hut, machte eine kleine Verbeugung, überreichte seine Karte und murmelte: »Entschuldigen Sie vielmals, daß ich Sie störe.« Dann wartete er und beobachtete ihr Gesicht, während sie las.

»Das verstehe ich nicht«, sagte sie.

Mr. Boggis erklärte ihr Zweck und Ziel der Gesellschaft zur Erhaltung seltenen Mobiliars.

Ihre Augen unter den hellen, buschigen Brauen starrten ihn grimmig an. »Hat das etwas mit der Sozialistischen Partei zu tun?« erkundigte sie sich.

Nun war es leicht. Mit einem Tory in Reithosen, ob männlich oder weiblich, kam Mr. Boggis immer gut zurecht.

Er verwendete zwei Minuten auf ein begeistertes Lob des äußersten rechten Flügels der Konservativen und zwei weitere auf eine heftige Kritik an den Sozialisten. Als letzten Trumpf spielte er die Tatsache aus, daß die Sozialisten einmal einen Gesetzentwurf für das Verbot der Parforcejagden auf dem Lande eingebracht hatten, und ging dann dazu über, der Dame seine Auffassung vom Himmel vorzutragen – »obwohl Sie das lieber nicht dem Bischof erzählen sollten«. Für ihn, so sagte er, sei der Himmel ein Ort, wo man Füchse, Hirsche und Hasen mit großen Meuten unermüdlicher Hunde jagen könne, und zwar täglich, auch sonntags, vom Morgen bis zum Abend.

Er beobachtete sie, während er sprach, und bald sah er, daß der Zauber zu wirken begann. Die Lippen seiner Zuhörerin verzogen sich zu einem breiten Lächeln und entblößten dabei zwei Reihen riesiger gelblicher Zähne. »Madam«, rief Mr. Boggis, »ich bitte Sie inständig, halten Sie mich bloß nicht für einen Sozialisten!« In diesem Augenblick brach sie in ein wieherndes Lachen aus, hob eine breite, rote Hand und schlug ihm so kräftig auf die Schulter, daß er fast umgefallen wäre.

»Kommen Sie rein!« schrie sie. »Ich weiß nicht, was Sie wollen, aber kommen Sie in drei Teufels Namen rein!«

Unglücklicherweise und ziemlich überraschend gab es in diesem Hause nichts, was irgendwelchen Wert gehabt hätte, und Mr. Boggis, der an unfruchtbares Gebiet prinzipiell keine Zeit verschwendete, entschuldigte sich bald und ging. Der Besuch hatte kaum fünfzehn Minuten gedauert, und das, so sagte er sich, als er in seinen Wagen stieg, war genau das übliche für solche Fälle.

Nun hatte er nur noch Bauernhäuser zu besuchen, und das nächste lag ungefähr eine halbe Meile entfernt. Es war ein großes Fachwerkgebäude von beträchtlichem Alter, und seine Südwand wurde von einem prächtig blühenden Birnbaum verdeckt.

Mr. Boggis klopfte an die Tür. Er wartete, bekam aber keine Antwort und klopfte daher noch einmal. Als sich wieder nichts rührte, ging er um das Haus herum, denn er nahm an, der Bauer sei im Kuhstall. Auch auf dem Hof fand er niemanden. Sie werden wohl in der Kirche sein, dachte er und fing an, in die Fenster zu spähen, ob er etwas Interessantes entdecken könnte. Im Eßzimmer war nichts. Er versuchte es mit dem Wohnzimmer, und dort, direkt vor seiner Nase, erblickte er in der Fensternische ein wunderschönes Stück, einen halbrunden Spieltisch aus Mahagoni, reich mit Intarsien versehen, im Stil von Hepplewhite, um 1780.

»Aha!« sagte er laut und preßte das Gesicht gegen die Scheibe. »Gut gemacht, Boggis.«

Aber das war noch nicht alles. Da stand auch ein Stuhl, ein einzelner Stuhl, allem Anschein nach von noch besserer Qualität als der Tisch. Ebenfalls Hepplewhite, nicht wahr? Und so schön! Die Stäbe der Rückenlehne waren mit fein geschnitzten Blättern und Ranken verziert, das Rohrgeflecht des Sitzes war zweifellos echt, und was die anmutig geschweiften Beine betraf, so hatten die beiden hinteren jenen besonderen Schwung nach außen, der so viel bedeutet. Ein erlesener Stuhl. »Bevor dieser Tag vorüber ist«, sagte Mr. Boggis ruhig vor sich hin, »werde ich die Freude haben, auf diesem entzückenden Stuhl zu sitzen.« Nie kaufte er einen Stuhl, ohne das zu tun. Für ihn war das die Probe aufs Exempel, und es war immer interessant zu sehen, wie er sich behutsam auf den Sitz sinken ließ und dabei auf das Nachgeben achtete, das ihm, dem Fachmann, genau verriet, wieweit die Jahre die Fugen und die Schwalbenschwanzverbindungen hatten eintrocknen lassen.

Es eilt nicht, sagt er sich und beschloß, später wiederzukommen. Er hatte ja den ganzen Nachmittag vor sich.

Der nächste Hof lag inmitten von Feldern. Damit man den Wagen nicht sah, mußte Mr. Boggis ihn auf der Landstraße stehenlassen und etwa sechshundert Schritte auf einem Seitenweg gehen, der in den hinteren Hof des Bauernhauses mündete. Wie er beim Näherkommen bemerkte, war dieses Anwesen erheblich kleiner als das vorige, so daß hier wohl nicht viel zu erhoffen war. Alles sah vernachlässigt und schmutzig aus, und einige Ställe waren recht baufällig.

In einer Ecke des Hofes standen dicht beieinander drei Männer. Einer von ihnen hielt zwei große schwarze Windhunde an der Leine. Als die Männer den schwarzgekleideten Mr. Boggis mit seinem Pfarrerkragen herankommen sahen, verstummten sie, schienen plötzlich starr und steif zu werden und wandten ihm ihre Gesichter zu, um ihn argwöhnisch zu beäugen.

Der älteste von den dreien, ein untersetzter Mann mit breitem Froschmund und kleinen, verschmitzten Augen, hieß – was Mr. Boggis natürlich nicht wußte – Rummins und war der Besitzer des Hofes.

Der hochgewachsene Mann neben ihm, dessen eines Auge nicht ganz in Ordnung zu sein schien, war sein Sohn Bert.

Der kleine Mann mit dem flachen Gesicht, der niedrigen, faltigen Stirn und den ungeheuer breiten Schultern hieß Claud und hatte sich bei Rummins eingefunden, weil er ein Stück Schweinefleisch oder Schinken von dem tags zuvor geschlachteten Schwein zu ergattern hoffte. Claud wußte von der Schlachtung – das Quieken des Tieres war weithin zu hören gewesen –, und er wußte auch, daß man für so etwas eine behördliche Genehmigung brauchte, daß Rummins aber keine hatte.

»Guten Tag«, sagte Mr. Boggis. »Schönes Wetter heute.«

Keiner der Männer rührte sich. Alle drei dachten genau dasselbe – daß dieser Geistliche, der ganz gewiß nicht aus der Gegend stammte, ein Abgesandter der Behörde sei und hier herumschnüffeln wolle.

»Was für schöne Hunde«, fuhr Mr. Boggis fort. »Ich muß zwar gestehen, daß ich noch nie bei einem Windhundrennen war, aber es soll ja ein hochinteressanter Sport sein.«

Beharrliches Schweigen. Mr. Boggis blickte rasch von Rummins zu Bert, dann auf Claud und wieder auf Rummins, und stellte fest, daß sie alle den gleichen Gesichtsausdruck hatten, eine eigenartige Mischung von Spott und Herausforderung, mit einem geringschätzigen Kräuseln um den Mund und einem höhnischen Zug um die Nase. »Darf ich fragen, ob Sie der Hofbesitzer sind?« wandte sich Mr. Boggis unerschrocken an Rummins.

»Was wünschen Sie?«

»Entschuldigen Sie vielmals, daß ich Sie störe, noch dazu an einem Sonntag.«

Mr. Boggis überreichte seine Karte, die Rummins nahm und dicht vor die Augen hielt. Die beiden anderen rührten sich nicht, schielten aber zur Seite und versuchten mitzulesen.

»Ja, was wollen Sie eigentlich?« fragte Rummins.

Zum zweitenmal an diesem Tage erklärte Mr. Boggis umständlich Zweck und Ziel der Gesellschaft zur Erhaltung seltenen Mobiliars.

»So was haben wir nicht«, knurrte Rummins, als der Vortrag beendet war. »Sie vergeuden nur Ihre Zeit.«

»Nicht so hastig, Sir«, erwiderte Mr. Boggis mit erhobenem Finger. »Der letzte Mann, der mir das gesagt hat, war ein alter Bauer unten in Sussex, und als er mich schließlich doch ins Haus ließ, wissen Sie, was ich da in der Küchenecke gefunden habe? Einen schmutzigen alten Stuhl, der bei näherer Betrachtung *vierhundert Pfund* wert war! Ich habe dem Mann geholfen, ihn zu verkaufen, und er hat sich für das Geld einen Traktor angeschafft.«

»Was schwatzen Sie denn da?« sagte Claud. »Einen

Stuhl, der vierhundert Pfund wert ist, gibt's auf der ganzen Welt nicht.«

»Entschuldigen Sie«, antwortete Mr. Boggis steif, »aber ich kenne viele Stühle in England, die mehr als das Doppelte dieser Summe wert sind. Und wo befinden sie sich? Überall auf dem Lande sind sie auf Bauernhöfen und in Landhäusern versteckt und werden als Tritte oder Leitern benutzt. Tatsächlich, die Leute trampeln mit Nagelschuhen darauf herum, wenn sie einen Topf Marmelade vom Küchenschrank nehmen oder ein Bild aufhängen wollen. Ich sage Ihnen nur die Wahrheit, liebe Freunde.«

Rummins trat unbehaglich von einem Fuß auf den anderen. »Sie meinen also, Sie wollen nur hineingehen, mitten im Zimmer stehenbleiben und sich umsehen?«

»Genau das«, versicherte Mr. Boggis, dem allmählich klarwurde, wo hier der Hase im Pfeffer lag. »Ich will meine Nase weder in Ihre Schränke noch in Ihre Speisekammer stecken. Nur die Möbel möchte ich anschauen, um festzustellen, ob Sie zufällig irgend etwas Kostbares besitzen, über das ich in der Zeitschrift unserer Gesellschaft berichten könnte.«

»Wissen Sie, was ich glaube?« Rummins fixierte ihn mit seinen kleinen, boshaften Augen. »Ich glaube, Sie sind darauf aus, die Möbel auf eigene Rechnung zu kaufen. Wozu sollten Sie sich sonst soviel Mühe machen?«

»Ach, du lieber Himmel, ich wollte, ich hätte das Geld dazu. Natürlich, wenn ich etwas sehe, was mir gefällt, und es übersteigt meine Mittel nicht, dann komme ich schon mal in Versuchung, ein Angebot zu machen. Aber so was gibt's leider selten.«

»Schön«, meinte Rummins, »wenn Sie weiter nichts wollen als sich umsehen, dann können Sie das meinetwegen tun.« Damit ging er über den Hof zur Hinterseite des Hauses, und Mr. Boggis folgte ihm. Auch Bert, der Sohn, und Claud mit seinen beiden Hunden schlossen sich an. Sie durchquerten die Küche – das einzige Möbelstück dort war ein billliger Tisch aus Tannenholz, auf dem ein totes Huhn lag – und traten in ein ziemlich großes, außerordentlich schmutziges Wohnzimmer.

Und da war sie! Mr. Boggis sah sie sofort, blieb wie angewurzelt stehen und schnappte hörbar nach Luft. Fünf, zehn, fünfzehn Sekunden, wenn nicht länger, stand er unbeweglich da und glotzte wie ein Idiot, weil er nicht zu glauben vermochte, nicht zu glauben wagte, daß er wirklich das sah, was er sah. Das *konnte* nicht wahr sein, unmöglich! Doch je länger er hinstarrte, desto wahrer schien es zu werden.

Ja, das war sie, unmittelbar vor ihm an der Wand, ebenso wirklich wie das Haus selbst! Und wer in der Welt hätte sich bei so einem Ding täuschen können? Zugegeben, sie war weiß angestrichen, aber das hatte nichts, gar nichts zu sagen. Irgendein Idiot hatte sie so verschandelt, und die Farbe war leicht zu entfernen. Du guter Gott! Was für eine Pracht! Und an so einem Ort!

In diesem Augenblick wurde sich Mr. Boggis bewußt, daß die drei Männer, Rummins, Bert und Claud, am Kamin lehnten und ihn scharf beobachteten. Sie hatten ihn stehenbleiben, nach Luft schnappen und glotzen sehen, sie mußten bemerkt haben, daß sein Gesicht rot – vielleicht auch blaß – geworden war, und wenn er nicht sofort etwas dagegen tat, würden sie ihm auf jeden Fall das Geschäft gründlich verderben. Rasch entschlossen, griff sich Mr. Boggis ans Herz, taumelte zum nächsten Stuhl und sank schwer atmend darauf nieder.

»Was haben Sie denn?« fragte Claud.

»Nichts«, hauchte er. »Es geht gleich vorüber. Bitte– Wasser. Mein Herz ...«

Bert holte ein Glas Wasser, gab es Mr. Boggis und blieb, ihn blöde anstarrend, neben ihm stehen.

»Ich dachte schon, Sie hätten was entdeckt«, sagte Rummins. Sein schlaues Grinsen zog den Froschmund noch mehr in die Breite und enthüllte einige Zahnstummel.

»Nein, nein«, beteuerte Mr. Boggis. »O nein, es ist nur mein Herz. Tut mir sehr leid, wirklich. Ich habe ab und zu so einen Anfall, aber das geht immer schnell vorüber. Gleich bin ich wieder in Ordnung.«

Ich brauche Zeit zum Überlegen, dachte er. Vor allem aber muß ich mich ganz und gar fassen, bevor ich noch ein Wort sage. Reiß dich zusammen, Boggis. Was du auch tust, bleibe ruhig. Diese Leute mögen unwissend sein, aber dumm sind sie nicht. Mißtrauisch sind sie, wachsam und gerissen. Und wenn es wirklich stimmt – nein, es *kann* nicht, kann nicht stimmen ...

Mit einer Gebärde des Schmerzes preßte er die Hand auf die Augen, öffnete sehr vorsichtig einen kleinen Spalt zwischen den Fingern und spähte hindurch.

Kein Zweifel, das Ding stand noch da, und er nahm die Gelegenheit wahr, es lange und gründlich zu betrachten. Ja, er hatte richtig gesehen, daran war nicht zu zweifeln. Es war einfach unglaublich.

Was er sah, war ein Möbel, für dessen Erwerb ein Fachmann so gut wie alles gegeben hätte. Einem Laien wäre es nicht weiter begehrenswert erschienen, zumal es mit schmutzigweißer Farbe bedeckt war, doch für Mr. Boggis war es der Wunschtraum eines Antiquitätenhändlers.

Wie jeder Experte in Europa und Amerika wußte auch er, daß zu den bekanntesten und gesuchtesten Stücken englischer Möbelkunst des achtzehnten Jahrhunderts die berühmten »Chippendalekommoden« gehören. Er hätte ihre Geschichte im Schlaf hersagen können – die erste war 1920 in Moreton-in-Marsh entdeckt und in demselben Jahr bei Sotheby verkauft worden; die beide anderen, die aus Raynham Hall, Norfolk, kamen, waren ein Jahr später aufgetaucht, ebenfalls in Sothebys Auktionsräumen. Alle drei hatten enorme Preise erzielt. An den genauen Preis der ersten und zweiten Kommode konnte sich Mr. Boggis nicht mehr erinnern, doch er wußte mit Sicherheit, daß die dritte dreitausendneunhundert Guineen eingebracht hatte. Und das im Jahre 1921! Heute war sie gewiß zehntausend Pfund wert. Irgend jemand – der Name des Mannes war Mr. Boggis entfallen – hatte vor nicht allzu langer Zeit eine Abhandlung über diese Kommoden geschrieben und einwandfrei nachgewiesen, daß alle drei aus derselben Werkstatt stammten. Wenn man auch keine Rechnungen gefunden hatte, so waren doch sämtliche Fachleute der Meinung, diese drei Kommoden könnte nur Thomas Chippendale selbst hergestellt haben, und zwar in seiner besten Zeit.

Und hier, sagte sich Mr. Boggis immer wieder, während er heimlich durch den Spalt zwischen seinen Fingern schaute, hier stand die vierte Chippendalekommode! Die *er* gefunden hatte! Reich würde er werden! Und berühmt! Jede der drei anderen war in der Welt der Kunsthändler unter einem besonderen Namen bekannt: die Chastletonkommode, die erste Raynhamkommode, die zweite Raynhamkommode. Diese würde als Boggiskommode in die Geschichte eingehen. Man brauchte sich nur die Gesichter der Leute in London vorzustellen, wenn sie den Fund morgen früh bewundern durften! Von den großen Händlern in West End – Frank Partridge, Mallett, Jetley und so weiter – würden phantastische Angebote einlaufen. Die TIMES würde ein Bild bringen und dazu schreiben: »Die Entdeckung dieser herrlichen Chippendalekommode verdanken wir dem Londoner Kunsthändler Mr. Cyril Boggis ...« Guter Gott, was für eine Aufregung das geben würde!

Diese hier, dachte Mr. Boggis, sieht genau aus wie die zweite Raynhamkommode. (Alle drei, die Chastleton und die beiden Raynhams, unterschieden sich durch allerlei Kleinigkeiten voneinander.) Es war ein höchst eindrucksvolles Möbelstück in französischem Rokokostil aus Chippendales Directoire-Periode, eine große, massige Kommode auf vier geschnitzten, ausgekehlten Beinen, die etwa einen Fuß hoch waren. Insgesamt hatte sie sechs Schubladen, zwei lange in der Mitte und zwei kürzere an jeder Seite. Die geschweifte Vorderpartie war oben, unten, links und rechts reich ornamentiert, und auch zwischen den mittleren und den seitlichen Schubladen sah man senkrecht verlaufende kunstvolle Schnitzereien in Form von Girlanden, Schnecken und Trauben. Die Messinggriffe waren zum Teil von dem weißen Anstrich überdeckt, schienen jedoch prächtig zu sein. Gewiß, die Kommode war ein ziemlich »schweres« Stück, aber so elegant, so graziös entworfen und ausgeführt, daß die Schwere nicht im geringsten störte.

»Wie fühlen Sie sich jetzt?« hörte Mr. Boggis jemanden fragen.

»Danke, danke, schon viel besser. Es geht immer schnell vorüber. Mein Doktor sagt, diese Anfälle seien ganz harmlos, ich müßte mich nur ein paar Minuten ruhig verhalten. Ach ja« – er erhob sich langsam –, »jetzt ist es besser.«

Vorsichtig, ein wenig schwankend, fing er an, im Zimmer umherzugehen und die Möbel einzeln zu begutachten. Er sah sofort, daß außer der Kommode nichts als Plunder vorhanden war.

»Hübscher Eichentisch«, bemerkte er. »Nur fürchte ich, er ist nicht so alt, daß er irgendwie interessant wäre. Gute, bequeme Stühle, leider ganz modern, ja ganz modern. Und die Anrichte – nun, sie ist recht gefällig, aber ebenfalls ohne besonderen Wert. Diese Kommode« – er blieb vor der Chippendalekommode stehen und tippte geringschätzig mit dem Finger darauf –, »ein paar Pfund würden Sie vielleicht dafür kriegen, mehr gewiß nicht. Eine ziemlich plumpe Imitation. Vermutlich aus der Viktorianischen Zeit. Ist der weiße Anstrich von Ihnen?«

»Ja«, antwortete Rummins. »Bert hat's gemacht.«

»Sehr vernünftig. In Weiß ist sie viel erträglicher.«

»Ein solides Stück«, meinte Rummins. »Hat auch hübsche Schnitzereien.«

»Maschinenarbeit«, erklärte Mr. Boggis in überlegenem Ton und bückte sich, um die meisterhafte Arbeit näher zu betrachten. »Das sieht man auf eine Meile. Immerhin, in seiner Art ist es ein nettes Stück. Hat seine Vorzüge.«

Er schlenderte weiter, schien sich plötzlich zu besinnen und kehrte langsam um. Mit gerunzelter Stirn, die Hand am Kinn, den Kopf zur Seite geneigt, stand er wie in Gedanken versunken da und schaute auf die Kommode.

»Wissen Sie was?« sagte er so beiläufig, daß er nicht einmal die Stimme hob. »Mir fällt gerade ein – solche Beine, wie diese Kommode sie hat, suche ich schon lange. In meinem Häuschen habe ich einen recht aparten Tisch, so ein niedriges Ding, wie es die Leute vors Sofa stellen, eine Art Kaffeetischchen, und an dem haben mir im Herbst, als ich umzog, die dummen Packer die Beine völlig ruiniert. Dabei hänge ich so sehr an dem Tischchen. Ich habe immer meine dicke Bibel darauf liegen und die Notizen für meine Predigten.« Er machte eine Pause und strich sich mit dem Finger über das Kinn. »Jetzt dachte ich eben daran, daß sich die

Beine Ihrer Kommode sehr gut verwerten ließen. Ja, tatsächlich. Man könnte sie ohne weiteres abschneiden und an meinen Tisch leimen.«

Er wandte sich um und sah die drei Männer unbeweglich dastehen. Drei Paar Augen beobachteten ihn mißtrauisch, drei verschiedene Augenpaare, aber alle gleich ungläubig: Ruminns' Schweinsäuglein, Clauds große, träge Augen und Berts Augen, deren eines sehr seltsam aussah, blaß, verschwommen, wie gesotten, mit einem kleinen schwarzen Punkt in der Mitte, wie ein Fischauge auf einem Teller.

Mr. Boggis schüttelte lächelnd den Kopf. »Ach, was rede ich denn da? Ich tue ja, als gehörte das Ding mir. Entschuldigen Sie.«

»Sie meinen, Sie wollen es kaufen?« fragte Rummins.

»Nun ...« Mr. Boggis warf einen Blick auf die Kommode und legte die Stirn in Falten. »Ich weiß nicht recht. Ich möchte schon ... und dann wieder ... wenn ich's mir überlege ... nein ... ich glaube, es würde doch zuviel Umstände machen. Das lohnt sich nicht. Ich lasse es lieber.«

»Wieviel würden Sie bieten?« erkundigte sich Rummins.

»Nicht viel, fürchte ich. Sehen Sie, es ist ja kein echtes altes Stück, bloß eine Nachahmung.«

»Das weiß man nicht so genau«, widersprach Rummins. »Wir haben die Kommode seit über zwanzig Jahren im Haus, und vorher hat sie oben im Schloß gestanden. Dort habe ich sie auf der Auktion gekauft, als der alte Herr gestorben war. Neu ist das Ding also nicht, soviel steht fest.«

»Nicht gerade neu, aber bestimmt nicht älter als etwa sechzig Jahre.«

»O doch«, beharrte Rummins. »Bert, wo ist der Zettel, den du mal hinten in einer Schublade gefunden hast? Die alte Rechnung.«

Der Sohn glotzte seinen Vater verständnislos an.

Mr. Boggis öffnete den Mund, schloß ihn aber sofort wieder, ohne einen Laut von sich zu geben. Er zitterte buchstäblich am ganzen Leibe. Um sich zu beruhigen, trat er ans Fenster und blickte auf den Hof, wo eine dicke braune Henne Körner aufpickte.

»Der Zettel lag hinten in einer Schublade unter den Kaninchenschlingen«, sagte Rummins. »Los, hol ihn her und zeig ihn dem Pfarrer.«

Als Bert zur Kommode ging, drehte sich Mr. Boggis um. Er konnte nicht anders, er mußte ihm zuschauen. Der Bursche zog eine der mittleren Schubladen auf, und Mr. Boggis bemerkte, wie wundervoll weich sie herausglitt. Dann sah er Berts Hand unter Schnüren und Drähten herumwühlen.

»Meinst du das?« Bert brachte ein mehrmals geknitttes gelbliches Blatt zum Vorschein und reichte es seinem Vater, der es entfaltete und dicht vor die Augen hielt.

»Wollen Sie mir etwa erzählen, daß dieses Schriftstück nicht steinalt ist?« Rummins hielt das Papier Mr. Boggins hin, der es mit zitternder Hand nahm. Es war spröde und knisterte leise zwischen den Fingern. Die Schrift war schräg, wie gestochen:

Edward Montagu, Esq.
schuldet dem Thos. Chippendale für eine große Mahagonny Kommode aus außerordentlich feinem Holze, sehr reich geschnitzt, auf ausgekehlten Beinen, zwey sehr hübsch geschweifte, lange Auszüge in der Mitten und zwey ditto an jeder Seite, mit reich ziselierten Messing Handgriffen und Ornamenten, alles in vollendetstem Geschmack ausgearbeitet .... £ 87.

Mr. Boggis hielt gewaltsam an sich, bemüht, die Erregung zu unterdrücken, die in seinem Inneren wühlte und ihn schwindlig machte. O Gott, war das wundervoll! Mit dieser Nota stieg der Wert noch höher. Wieviel würde jetzt wohl herausspringen? Zwölftausend Pfund? Vierzehn? Vielleicht fünfzehn oder gar zwanzig? Wer konnte das wissen?

Du lieber Himmel!

Geringschätzig ließ er das Papier auf den Tisch fallen und sagte kühl: »Na bitte, ich hab's ja gewußt – eine Viktorianische Nachahmung. Das hier ist einfach die Rechnung, die der Verkäufer – der Mann, der sie gemacht und für alt ausgegeben hat – seinem Kunden ausstellte. Von der Sorte habe ich schon viele gesehen. Beachten Sie, daß er nicht sagt, er hätte sie selbst angefertigt. Er war schlau genug, sich nicht zu verraten.«

»Sagen Sie, was Sie wollen«, verkündete Rummins, »aber das ist ein altes Stück Papier.«

»Natürlich, mein lieber Freund. Es ist viktorianisch, spätviktorianisch. Etwa achtzehnhundertneunzig. Sechzig oder siebzig Jahre alt. Hunderte davon habe ich gesehen. Damals gab es unzählige Tischler, die sich ein Gewerbe daraus machten, die schönen Möbel des achtzehnten Jahrhunderts zu imitieren.«

»Hören Sie, Herr Pfarrer ...« Rummins deutete mit einem dicken, schmutzigen Finger auf Mr. Boggis. »Ich sage ja nicht, daß Sie keine Ahnung von Möbeln haben, aber was ich sage, ist dies: Wie können Sie so mächtig sicher sein, daß die Kommode nachgemacht ist, wenn Sie gar nicht wissen, wie sie unter all der Farbe aussieht?«

»Kommen Sie«, antwortete Mr. Boggis. »Kommen Sie her, ich will es Ihnen zeigen.« Er wartete, bis sich die anderen um ihn geschart hatten. »Hat jemand ein Messer?«

Claud förderte ein Taschenmesser mit Hornschale zutage. Mr. Boggis nahm es und öffnete die kleinste Klinge. Scheinbar nachlässig, in Wirklichkeit jedoch mit größter Vorsicht, begann er, oben auf der Kommode ein wenig Farbe abzukratzen. Die weiße Schicht blätterte von der harten, alten Politur sauber ab, und als er etwa drei Quadratzoll freigelegt hatte, trat er zurück und sagte: »So, nun schauen Sie sich das an.«

Es war wunderschön – ein kleiner Fleck Mahagoni, leuchtend wie ein Topas, warm und dunkel mit der echten Farbe seiner zweihundert Jahre.

»Na und?« fragte Rummins.

»Es ist behandelt. Das sieht doch jeder!«

»Wieso? Erklären Sie mal, woran man das sieht.«

»Schön. Ich muß allerdings sagen, daß so etwas nicht leicht zu erklären ist. Erfahrungssache, wissen Sie? Meine Erfahrung verrät mir ohne den leisesten Zweifel, daß dieses Holz mit Leim behandelt worden ist. Das geschieht, um dem Mahagoni die altersdunkle Farbe zu verleihen. Für Eiche nimmt man Pottasche und für Nußbaum Salpetersäure, aber für Mahagoni immer Leim.«

Die drei Männer kamen etwas näher, um das Holz zu betrachten. Die Sache fing offenbar an, sie zu interessieren. Von einer neuen Art Betrug oder Schwindel zu hören, ist immer spannend.

»Achten Sie auf die Maserung. Sehen Sie diese leichte Orangetönung in dem dunklen Rotbraun? Das ist das Zeichen von Leim.«

Sie beugten sich vor, die Nase dicht über dem Holz, zuerst Rummins, dann Claud, dann Bert.

»Und vor allem die Patina«, fuhr Mr. Boggis fort.

»Die was?«

Er erklärte ihnen die Bedeutung des Wortes in bezug auf Möbel.

»Sie haben keine Ahnung, liebe Freunde, wieviel Mühe sich diese Schufte machen, um die harte, schöne bronzefarbene Patina zu fälschen. Entsetzlich ist das, geradezu entsetzlich, und es macht mich ganz krank, davon zu reden.« Er spie jedes Wort von der Zungenspitze und verzog den Mund, um seinen Ekel zu zeigen.

Die Männer warteten, in der Hoffnung, weitere Geheimnisse zu erfahren.

»Wenn ich an die Zeit und Arbeit denke, die manche Sterbliche daran wenden, Unschuldige zu betrügen!« rief Mr. Boggis. »Einfach widerlich! Wissen Sie, meine Freunde, was hier geschehen ist? Ich kann es deutlich erkennen. Ja, ich sehe sie förmlich vor mir, diese Gauner, wie sie in einem langen, komplizierten Prozeß auf das mit Leinöl getränkte Holz entsprechend gefärbte französische Politur auftragen, die sie mit Bimsstein und Öl bürsten, mit einem Wachs einreiben, das voller Schmutz und Staub ist, und schließlich mit Hitze behandeln, damit die Politur springt und zweihundert Jahre alt aussieht! Wirklich, schon bei dem Gedanken an solche Schurkerei wird mir übel!«

Die drei Männer starrten unverwandt auf den kleinen dunklen Fleck.

»Fühlen Sie das Holz an!« befahl Mr. Boggis. »Legen Sie die Finger darauf! Na, wie kommt es Ihnen vor, warm oder kalt?«

»Kalt«, sagte Rummins.

»Sehr richtig, mein Freund! Es ist eine bekannte Tatsache, daß sich gefälschte Patina immer kalt anfühlt. Bei echter hat man den Eindruck, sie sei warm.«

»Die hier fühlt sich ganz normal an«, behauptete Rummins streitlustig.

»Nein, Sir, kalt. Aber natürlich braucht man Erfahrung und Fingerspitzengefühl, um ein endgültiges Urteil abgeben zu können. Von Ihnen darf man wirklich nicht erwarten, daß Sie mehr von Möbeln verstehen als ich beispielsweise von der Qualität Ihrer Gerste. Alles im Leben, mein lieber Freund, beruht auf Erfahrung.«

Die Männer starrten den merkwürdigen Geistlichen mit dem Mondgesicht und den hervorquellenden Augen nicht mehr ganz so mißtrauisch an, denn offenbar kannte er sich auf seinem Gebiet aus. Allerdings waren sie noch weit davon entfernt, ihm zu glauben.

Mr. Boggis bückte sich und wies auf einen der metallenen Handgriffe an der Kommode. »Das ist auch Fälscherarbeit«, sagte er. »Altes Messing hat für gewöhnlich einen ganz charakteristischen Farbton. Wußten Sie das?«

Begierig, noch mehr Kniffe zu erfahren, blickten sie ihn an.

»Leider Gottes haben diese Schurken eine außerordentliche Geschicklichkeit erworben, besagten Farbton zu imitieren. Es ist praktisch unmöglich, zwischen »echtem altem« und »künstlichem altem« zu unterscheiden. Ich gebe offen zu, daß auch ich in diesem Punkt nur auf Vermutungen angewiesen bin. Es lohnt sich also nicht, die Farbe von den Handgriffen abzukratzen. Wir würden dadurch kein bißchen klüger werden.«

»Wie kann man denn neues Messing auf alt zurechtmachen?« erkundigt sich Claud. »Messing rostet doch nicht.«

»Stimmt genau, mein Freund, aber diese Verbrecher haben ihre geheimen Methoden.«

»Nämlich?« Claud ließ nicht locker. Seiner Meinung nach war jede Information dieser Art wertvoll. Man weiß ja nie, was die Zukunft bringt.

»Die Fälscher«, dozierte Mr. Boggis, »brauchen nichts weiter zu tun, als die Handgriffe über Nacht in Mahagonispäne zu legen, die mit Salmiak getränkt sind. Der Salmiak färbt das Metall grün, aber wenn man das Grün abreibt, kommt darunter ein zarter silbriger Glanz zum Vorschein, genau der Glanz, den sehr altes Messing hat. Ach, auf was die alles verfallen! Für Eisen haben sie wieder einen anderen Trick.«

»Was tun sie mit Eisen?« fragte Claud interessiert.

»Mit Eisen ist die Sache sehr einfach«, erklärte Mr. Boggis. »Eiserne Schlösser, Platten und Scharniere werden mit gewöhnlichem Salz bedeckt, und nach kurzer Zeit kann man sie verrostet und fleckig herausnehmen.«

»Schön«, sagte Rummins, »Sie geben also zu, daß Sie über die Griffe nichts Genaues wissen. Mit anderen Worten, die Dinger können ohne weiteres viele hundert Jahre alt sein. Stimmt's?«

Mr. Boggis richtete seine hervorquellenden braunen Augen auf Rummins. »O nein«, flüsterte er, »da irren Sie sich. Passen Sie auf.«

Er nahm aus seiner Jackentasche einen kleinen Schraubenzieher und gleichzeitig, ohne daß es jemand bemerkte, eine Messingschraube, die er in der Handfläche verbarg. Dann wählte er eine der Schrauben an der Kommode aus – an jedem Griff befanden sich vier –

und befreite sie behutsam von der weißen Farbe, die ihr anhaftete. Als das erledigt war, drehte er sie langsam heraus.

»Wenn es eine echte Messingschraube aus dem achtzehnten Jahrhundert ist«, sagte er, »dann wird das Gewinde etwas unregelmäßig sein, ein Zeichen, daß sie mit der Hand gefeilt worden ist. Haben wir es aber mit einer Fälschung aus der Viktorianischen Zeit oder später zu tun, so wird auch die Schraube jüngeren Datums sein und sich als maschinell hergestelltes Massenprodukt erweisen. Jeder kann so ein Serienfabrikat erkennen. Nun, wir werden sehen.«

Während Mr. Boggis die Hände über die alte Schraube legte und sie herauszog, gelang es ihm mühelos, sie mit der neuen zu vertauschen, die er zwischen zwei Fingern versteckt hielt. Das war ein Trick, der sich im Laufe der Jahre immer von neuem bewährt hatte. In den Taschen seines geistlichen Rocks trug er stets eine Anzahl billiger Messingschrauben in den verschiedensten Größen mit sich herum.

»Na bitte«, sagte er und reichte Rummins die moderne Schraube. »Überzeugen Sie sich selbst. Sehen Sie, wie gleichmäßig das Gewinde ist? Natürlich sehen Sie es. Dies hier ist eine ganz gewöhnliche Schraube, wie sie in jeder Eisenwarenhandlung verkauft wird.«

Die Schraube ging von Hand zu Hand, und alle drei

Männer betrachteten sie genau. Sogar Rummins zeigte sich beeindruckt.

Mr. Boggis steckte den Schraubenzieher in die Tasche und mit ihm die handgefertigte Schraube, die er aus der Kommode entfernt hatte. Dann machte er kehrt und schritt langsam an den drei Männern vorbei.

»Meine lieben Freunde«, sagte er, als er die Tür zur Küche erreicht hatte, »es war sehr freundlich von Ihnen, daß Sie mir erlaubt haben, einen Blick in Ihr kleines Heim zu werfen, wirklich sehr freundlich. Ich hoffe nur, daß ich Sie nicht zu sehr belästigt habe.«

Rummins, der noch immer die Schraube untersuchte, blickte auf. »Sie haben nicht gesagt, wieviel Sie bieten«, bemerkte er.

»Ach ja«, antwortete Mr. Boggis, »da haben Sie recht. Wieviel ich biete? Nun, wenn ich ehrlich sein soll, ich finde, es lohnt sich nicht recht. Viel zu umständlich. Ich glaube, ich lasse es lieber.«

»Wieviel wollten Sie denn geben?«

»Möchten Sie die Kommode wirklich loswerden?«

»Daß ich sie loswerden möchte, habe ich nicht gesagt. Ich habe nur gefragt: wieviel.«

Mr. Boggis schaute auf die Kommode, neigte den Kopf erst auf die eine Seite, dann auf die andere, zog die Stirn kraus, schob die Lippen vor, zuckte die Achseln und machte eine kleine verächtliche Handbewegung, um anzudeuten, es lohne sich gar nicht, ernsthaft zu reden.

»Sagen wir ... zehn Pfund. Ich meine, das wäre angemessen.«

»Zehn Pfund!« rief Rummins. »Seien Sie doch nicht komisch, Herr Pfarrer, *bitte!*«

»Als Brennholz wäre die Kommode schon teurer«, erklärte Claud entrüstet.

»Schauen Sie sich die Rechnung an!« Rummins stach mit seinem schmutzigen Zeigefinger so heftig auf das kostbare Dokument ein, daß Mr. Boggis vor Angst verging. »Hier steht, was sie gekostet hat. Siebenundachtzig Pfund! Und da war sie neu. Jetzt ist sie antik und mindestens das Doppelte wert.«

»Entschuldigen Sie, Sir, so ist es nun doch nicht. Schließlich ist die Kommode eine Nachahmung. Aber ich will Ihnen was sagen, mein Freund – ich weiß, daß ich leichtsinnig bin, das liegt nun mal in meiner Natur –, ich werde Ihnen fünfzehn Pfund geben. Wie wär's?

»Fünfzig«, forderte Rummins.

Ein köstlicher kleiner Schauer, prickelnd wie Nadelstiche, ließ über Mr. Boggis' Rücken und an den Beinen hinab bis unter die Fußsohlen. Er hatte sie. Jetzt war sie sein. Ohne jeden Zweifel. Aber billig kaufen, so billig wie menschenmöglich, war ihm unter dem Druck der

Verhältnisse und durch jahrelange Übung so sehr zur Gewohnheit geworden, daß er es einfach nicht fertigbrachte, sofort zuzustimmen.

»Lieber Mann«, flüsterte er sanft, »ich kann ja nur die Beine der Kommode gebrauchen. Vielleicht lassen sich später auch einmal die Schubladen verwerten, aber alles übrige, das Gestell selbst, ist nur Brennholz, wie Ihr Freund sehr richtig sagte.«

»Na, dann fünfunddreißig«, schlug Rummins vor.

»Ich *kann* nicht, Sir, ich *kann* nicht! Soviel ist sie nicht wert. Überhaupt – ich weiß gar nicht, wie ich dazu komme, derart um einen Preis zu feilschen. Das schickt sich nicht für mich. Ich will Ihnen ein letztes Angebot machen, bevor ich gehe. Zwanzig Pfund.«

»Einverstanden«, rief Rummins hastig. »Sie gehört Ihnen.«

»Ach herrje«, sagte Mr. Boggis und faltete die Hände. »Nun habe ich mich doch wieder verleiten lassen. Ich hätte das gar nicht tun dürfen.«

»Jetzt können Sie nicht mehr zurück, Herr Pfarrer. Verkauft ist verkauft.«

»Ja, ja, ich weiß.«

»Wie wollen Sie das Ding fortschaffen?«

»Hm ... Ich könnte meinen Wagen hier auf den Hof fahren, und wenn dann die Herren so freundlich wären, mir beim Verladen zu helfen ...«

»In einen Wagen? Das Ding paßt doch in keinen Wagen! Dazu brauchen Sie ein Auto mit Ladefläche.«

»Ach, ich glaube, es geht auch so. Wir wollen's jedenfalls probieren. Mein Wagen steht auf der Landstraße. Ich bin gleich zurück. Irgendwie schaffen wir das schon.«

Mr. Boggis ging über den Hof, durch das Tor und dann den langen Weg zur Straße hinunter. Er konnte ein leises Kichern nicht unterdrücken, und ihm war, als stiegen Hunderte und aber Hunderte kleiner Blasen, kribbelnd wie Selterswasser, aus seinem Magen auf und platzten vergnügt in seinem Kopf. Alle Butterblumen auf den Feldern hatten sich in Goldstücke verwandelt, die im Sonnenlicht blitzten. Der Boden war mit ihnen übersät, und Mr. Boggis wich vom Wege ab, damit er zwischen ihnen, auf ihnen gehen und den leisen metallischen Ton hören konnte, wenn er sie mit den Füßen zertrat. Kaum vermochte er sich so weit im Zaum zu halten, daß er nicht anfing zu rennen. Aber Geistliche rennen nie. Sie gehen schön gemächlich. Langsam, Boggis. Bleib ruhig, Boggis. Du hast keine Eile. Die Kommode gehört dir! Für zwanzig Pfund, und dabei ist sie fünfzehn- oder zwanzigtausend wert! Die Boggiskommode! In zehn Minuten wird sie in deinem Wagen stehen – das Verladen ist ja nicht weiter schwierig –, du wirst nach London zurückfahren und unterwegs in einem fort singen! Boggis fährt die Boggiskommode in Boggis' Wagen heim. Ein historischer Augenblick. Was würde ein Reporter darum geben, könnte er dieses Ereignis im Bild festhalten! Ob man das arrangieren sollte? Vielleicht. Warten wir's ab. O du herrlicher Tag. Du köstlicher, sonniger Sommertag! Es ist eine Lust zu leben!

Auf dem Hof sagte unterdessen Rummins: »Stellt euch bloß vor, zwanzig Pfund gibt der alte Esel für solchen Plunder.«

»Gut haben Sie das gemacht, Mr. Rummins«, lobte Claud.

»Glauben Sie, daß er zahlen wird?«

»Wir laden die Kommode nicht eher in den Wagen, bis er's getan hat.«

»Und wenn sie nun nicht hineingeht?« fragte Claud. »Wissen Sie, was ich denke, Mr. Rummins? Wollen Sie meine ehrliche Meinung hören? Ich denke, daß verdammte Ding ist viel zu groß, als daß wir's je in den Wagen kriegen. Und was dann? Zum Teufel damit, wird er dann sagen und ohne die Kommode davonfahren. Auf Nimmerwiedersehen, mitsamt dem Geld. Sehr viel schien ihm ja an der Kommode gar nicht zu liegen.«

Rummins schwieg, um diese neue, ziemlich beunruhigende Möglichkeit zu erwägen.

»Wie soll denn so ein Ding in einen Wagen passen?«

fuhr Claud unbarmherzig fort. »Geistliche haben nie große Wagen. Oder haben Sie schon mal einen Pfarrer mit einem großen Wagen gesehen, Mr. Rummins?«

»Nicht daß ich wüßte.«

»Na bitte. Und nun hören Sie zu. Mir ist da was eingefallen. Nicht wahr, er hat doch gesagt, er will nur die Beine? Stimmt's? Wir brauchen also nichts weiter zu tun, als sie hier abzusägen, bevor er zurückkommt, dann geht das Ding bestimmt in den Wagen. Und außerdem ersparen wir ihm damit viel Arbeit und Mühe. Was halten Sie davon?« Clauds flaches Rindsgesicht glänzte von dummem Stolz.

»Keine schlechte Idee«, sagte Rummins mit einem Blick auf die Kommode. »Eigentlich sogar eine verdammt gute Idee. Also dann los, wir müssen uns beeilen. Ihr beide tragt sie auf den Hof, und ich hole die Säge. Aber zieht zuerst die Schubladen raus.«

Wenige Minuten später hatten Claud und Bert die Kommode hinausgeschafft und sie mitten in dem Hühnerdreck und dem Kuhmist auf den Kopf gestellt. In der Ferne, auf halbem Wege zwischen Hof und Straße, sahen sie eine kleine schwarze Gestalt davoneilen. Sie schauten ihr nach. Die Gestalt benahm sich einigermaßen komisch. Von Zeit zu Zeit fiel sie in Trab, dann wieder hüpfte sie auf einem Bein oder vollführte Luftsprünge.

»Bei dem ist eine Schraube locker«, meinte Claud lachend. Bert grinste vielsagend, und sein schlimmes Auge rollte langsam hin und her.

Rummins, plump wie ein Frosch, kam vom Schuppen herübergewatschelt. Claud nahm ihm die große Säge ab und machte sich ans Werk.

»Dicht absägen«, sagte Rummins. »Sie wissen ja, er braucht sie für einen anderen Tisch.«

Das Mahagoniholz war hart und sehr trocken. Feiner roter Staub sprühte von dem Blatt der Säge und fiel sanft zu Boden. Ein Bein nach dem anderen löste sich, und als alle abgesägt waren, bückte sich Bert und legte sie sorgsam in eine Reihe.

Claud trat zurück, um das Ergebnis seiner Arbeit zu betrachten. Eine längere Pause entstand.

»Nur eine Frage, Mr. Rummins«, sagte er schließlich. »Auch so, wie es jetzt ist – könnten *Sie* dieses Ungetüm hinten in einen Wagen laden?«

»Müßte schon ein Kombiwagen sein.«

»Richtig!« rief Claud. »Aber Geistliche fahren keine Kombiwagen. Die haben doch allerhöchstens einen Morris Acht oder einen Austin Sieben.«

»Er will ja nur die Beine«, erwiderte Rummins. »Wenn das übrige nicht hineingeht, kann er's hierlassen. Hauptsache, er hat die Beine, dann wird er schon zufrieden sein.«

»Das glauben Sie doch selbst nicht, Mr. Rummins«, sagte Claud geduldig. »Sie wissen ganz genau, daß er vom Preis was abhandeln wird, wenn er nicht jedes kleine Stückchen mitkriegt. In Gelddingen sind alle Pfarrer gerieben, das steht nun mal fest. Und besonders dieser alte Knabe. Aber was halten Sie davon, wenn wir ihm sein Brennholz fix und fertig mitgeben? Wo haben Sie Ihre Axt?«

»Ja, das ist wohl das beste«, meinte Rummins. »Los, Bert, hol die Axt her.«

Bert ging in den Schuppen und kam mit einer großen Holzfälleraxt zurück. Claud spuckte in die Hände, rieb sie aneinander, ergriff die Axt, schwang sie hoch in die Luft und ließ sie auf die beinlose Kommode niedersausen.

Die Arbeit war schwer, und es dauerte mehrere Minuten, bis er das Möbelstück kurz und klein geschlagen hatte.

»Eins kann ich euch sagen«, verkündete er und wischte sich dabei den Schweiß von der Stirn. »Der Pfarrer mag reden, was er will, aber der Mann, der diese Kommode gebaut hat, war ein verflucht guter Tischler.«

»Wir haben's gerade noch geschafft«, rief Rummins. »Da kommt er!«

Robert Gernhardt

DAS BUCH EWALD

Gott und der Teufel schauten wieder einmal auf die Erde, als Gott den Teufel plötzlich anstieß und, auf einen jungen Mann deutend, sagte: »Jetzt schau dir mal diese Ratte da an!«

»Ratte? Nu na, nu na ...« antwortete der Teufel zögernd, da er im Gehabe des jungen Mannes, welcher gerade dabei war, auf ein junges Mädchen einzureden, wenig Rattenhaftes entdecken konnte. »Der ist doch eigentlich ganz nett.«

»Nett wie so eine Ratte nur sein kann«, gab Gott höhnisch zurück. »Siehst du denn gar nicht, was der da mit dem Mädchen vorhat?«

»Hat der was vor?« fragte der Teufel verwundert und lauschte zerstreut den Worten des jungen Mannes, welche darauf hinausliefen, er würde dem Mädchen, da sie sich doch für Kunst interessiere, gar zu gern seinen jüngst in London gekauften Hockney-Band zeigen.

»Stimmt, der hat etwas vor«, sagte der Teufel schließlich, »der will dem Mädchen ein Kunstbuch zeigen.«

»Kunstbuch?!« Gott schlug sich in gespielter Verzweiflung vor die Stirn. »Sagtest du Kunstbuch?«

»Ist doch Kunst – oder?«

»Was ist Kunst?«

»Hockney.«

Gott überlegte einen Moment. War Hockney Kunst? Ein bißchen viel Schwimmbecken – oder? Doch dann fiel ihm das Porträt der Eltern ein. »Ja, ja. Kunst.«

»Na also«, sagte der Teufel.

»Also was?«

»Also alles klar – die beiden da haben irgend etwas Kunstmäßiges vor.«

Gott blies die Backen auf, dann ließ er mit einem verächtlichen Seitenblick auf den Teufel ostentativ die angestaute Luft entweichen: »Pfllpfllpfll ...«

»Nichts Kunstmäßiges?« fragte der Teufel verunsichert.

Gott wollte gerade zu einer Antwort ansetzen, als zwei Engel hereinkamen und etwas Backwerk, Kaffee, Cognac sowie eine Flasche Rotwein brachten. »Da bin ich mal so frei«, sagte der Teufel, dem schon lange nach einem Schlückchen gewesen war, und griff nach dem Cognac. Gott bediente sich derweil vom Rotwein, fast schien es, als habe er den jungen Mann vergessen, als er plötzlich das angebissene Stück Kuchen sinken ließ und mit vollem Munde herausplatzte: »Bürsteln will er sie!«

»Wer? Wen?«

»Er! Sie!« Erregt blickte Gott wieder auf die Erde, während der Teufel, ohne vom Kuchen aufzuschauen, ein begütigendes »Nu na« und »Wer wird denn gleich an das Schlimmste denken« brummte.

»Da!« schrie Gott entgeistert auf. »Ja ist denn das die Möglichkeit!«

»Ist was?« Nun schaute auch der Teufel hinunter, ohne freilich den jungen Mann sogleich ausmachen zu können.

»Da!« Gott packte den Teufel am Ärmel. »Was für eine Ratte! Was für eine ausgemachte Ratte! Jetzt faßt er sie doch tatsächlich an die Dudeln!«

»Wirklich?« Der Blick des Teufels irrte ein wenig umher, dann hatte er den jungen Mann wieder im Visier. Der ging immer noch neben dem Mädchen her und wiederholte seine Bitte, sie möge sich doch seinen Hockney-Band anschauen.

»Mich so zu erschrecken!« sagte der Teufel fast schmollend. »Hat sich was mit Dudelnfassen!«

»In Gedanken hat er sie aber an die Dudeln gefaßt«, sagte Gott streng. »Und das ist genauso schlimm wie in Wirklichkeit.«

»Nu na.« Der Teufel wollte sich wieder dem Cognac zuwenden, doch dann hatte er das Gefühl, noch irgend etwas Hilfreiches sagen zu müssen, und daher sagte er: »Dudeln hin, Dudeln her!«

»Wie bitte?« fragte Gott stirnrunzelnd.

»Nun ja ...« Der Teufel überlegte etwas. »Bist du denn ganz sicher, daß er sie an die Dudeln fassen wollte?«

»Wohin sollte die Ratte sie denn sonst fassen wollen?«

»Weiß ich?« Für einen Moment fühlte sich der Teufel in die Enge getrieben, doch dann schlug er erleichtert vor: »Vielleicht an den Ellenbogen?«

»Vielleicht gar an seinen eigenen?« fragte Gott spöttisch.

»Ja, ja, warum eigentlich nicht?« stimmte der Teufel zu. »Es wäre nicht das erste Mal. Mein Knecht Hiob hat sich –«

»Mein Knecht immer noch!« unterbrach ihn Gott.

»Deiner? Auch gut.« Fast schien es, als ob der Teufel den roten Faden völlig verloren hätte, dann aber erinnerte er sich: »Der faßte sich auch immer so an den Ellbogen.«

»Wer?«

»Der Dingens. Mein – nein, dein Knecht Hiob. Erinnerst du dich nicht mehr?«

»Der?« Gott überlegte. »Ach der! Aber der hat sich doch immer an den Kopf gefaßt.«

»Wann?«

»Damals. Als du ihm diese Schicksalsschläge zugefügt hast.«

»Du immer noch«, berichtigte ihn der Teufel.

»Nein, du«, entgegnete Gott scharf.

»Aber du hast angefangen!« sagte der Teufel.

»Wir haben gemeinsam angefangen«, erinnerte sich Gott. »Wir hatten diese Wette laufen, nach der du meinem treuen Knecht Hiob alle erdenklichen Übel zufügen durftest, um ihn zum Abfall von mir zu bewegen und –«

»Bumsti! Abgefallen ist er!« schrie der Teufel begeistert.

»Im Gegenteil!« empörte sich Gott.

»Na gut. Aufgefallen ist er«, sagte der Teufel begütigend, und bevor Gott nochmals widersprechen konnte, fügte er rasch hinzu: »Weil er doch trotz der ganzen Schicksalsschläge immer so verbissen zu dir gehalten hat. Na! Nicht verbissen«, korrigierte er sich, da Gott schon wieder aufbrausen wollte, »vertraulich! Nein, auch nicht! Jetzt hab ich's: vertrauensvoll!«

»Ja. Vertrauensvoll!« bekräftigte Gott. »Jawohl, so einer war er, mein Knecht Hiob – vertrauensvoll! Du hast ihm die Frauen genommen und die Töchter und die

Söhne und die Herden und schließlich die Schwären, und –«

»Die Schwären habe ich ihm aber nicht genommen, sondern geschickt«, warf der Teufel ein. »Deswegen – jetzt erinnere ich mich –, deswegen hat der Hiob sich ja auch die ganze Zeit an den Ellbogen gefaßt. Nicht gefaßt! Gekratzt hat er sich. Weil's da so gejuckt hat!«

»Gejuckt?« Mißmutig blickte Gott auf den Teufel, der sich schon wieder vom Cognac bediente, doch dann hellte sich sein Gesicht auf.

»Vertraut hat er mir!« röhrte er fröhlich. »Nix hat er mehr gehabt –«

»Außer Schwären!« gab der Teufel mit der Korrektheit des Angetrunkenen zu bedenken, ohne Gott allerdings in seinem Gedankengang stören zu können, denn der fuhr freudig fort: »Gar nix! Außer dem Vertrauen zu mir. Dem Vertrauen! Das nämlich hast du ihm nicht nehmen können, du Saubär!«

»Nu na, nu na!« Irgendwie schien das Gespräch an Niveau zu verlieren, irgendwo dämmerte es dem Teufel, daß er ihm eine andere Wendung geben mußte. Aber wie? Da ihm nichts Besseres einfiel, schaute er scheinbar angespannt auf die Erde.

»Oha, oha!« sagte er aufs Geratewohl.

»Bürstelt er sie?« fragte Gott aufgeregt, während er suchend dem Blick des Teufels folgte. Zunächst ohne

Erfolg. Endlich aber – der Teufel hatte nämlich in eine ganz falsche Richtung geschaut – fand Gott den jungen Mann wieder, welcher, offensichtlich vor seiner Haustüre angelangt, dem Mädchen noch einmal nahelegte, sich doch unbedingt den Hockney-Band anzuschauen, auch könne er ihr, da es ja bereits ein wenig kühl sei, einen Tee bereiten.

»Bürsteltrick siebzehn«, sagte Gott verächtlich, doch da der Teufel, froh über die Ablenkung, sich weiterer Kommentare enthielt, sahen beide eine Zeitlang schweigend zu, wie der junge Mann mit dem Mädchen zwei Treppen hochstieg, eine Wohnungstür öffnete, seinen Gast in ein möbliertes Zimmer geleitete – offensichtlich lebte er zur Untermiete –, worauf er unter Hinweis auf den versprochenen Tee in der Küche verschwand, wo er auch tatsächlich damit begann, Wasser aufzusetzen und nach einer Kanne zu suchen.

»Apropos Kanne«, sagte der Teufel und griff zum Cognac, während Gott, dem die Zeit ebenfalls lang geworden war, sich wie auch zuvor schon an den Rotwein hielt. »Kuchen gefällig?« fragte er so verbindlich, daß der Teufel sich nicht verkneifen konnte, nach einem eilfertigen »Aber gern« noch ein verschwörerisches »Fast wäre er ja doch naduweißtschonwas« zu äußern.

»Fast wäre wer was?« fragte Gott stirnrunzelnd.

»Dein Knecht Hiob wäre fast ...«

»Was fast?«

»Fast abgefallen.«

»Wie bitte?«

»Nu na – doch nur fast ... Fast beinahe ... Beinahe gar nicht ... eigentlich überhaupt nicht ...« haspelte der Teufel. »Aber wenn du zum Schluß nicht deine Rede gehalten hättest, ich meine, ohne diese bombige Rede ...«

»Welche Rede?«

»Na, deine Rede an Hiob. ›Weißt du, Hiob, wann es Zeit ist, die Hindin zu schwängern?‹ – diese Rede. Eine ganz großartige Rede. Also ich habe sie jedenfalls gemocht. Ehrlich.«

»Die Hindin?« fragte Gott nachdenklich.

»Nein, deine Rede.«

»Nicht: die Hündin?«

Der Teufel schaute verwundert auf. »Welche Hündin denn?«

Gott nippte mißmutig an seinem Rotwein. »Ich könnte schwören, daß ich von einer Hündin geredet habe und nicht von einer Hindin.«

»O doch! Hindin!« versicherte der Teufel. »Weißt du die Zeit, wann die Gemsen auf den Felsen gebären? Oder hast du gemerkt, wann die Hindin schwanger geht«, fuhr er rezitierend fort. »Hast du gezählt ihre Monden, wenn sie voll werden? Oder weißt du die Zeit, wann sie gebiert?«

»Sie beugen sich«, fiel nun auch Gott ein, »lassen aus ihre Jungen und werden los ihre Wehen. Ihre Jungen werden feist –« Für einen Moment wußten beide nicht weiter, nachdenklich blickten sie auf das Backwerk. »Und immer feister und immer feister«, schlug der Teufel vor, doch nun war es an Gott, ihm auf die Sprünge zu helfen: »Feist und groß im Freien und gehen aus und kommen nicht wieder zu ihnen ... So habe ich zu Hiob geredet! Genau so! Ich habe ihn die schwierigsten Sachen gefragt, und er hat alle Antworten gewußt, alle! So einer war er, mein Knecht Hiob! Alles hat er gewußt, einfach alles!«

Gott wäre wohl noch länger so fortgefahren, hätte nicht ein eigenartig gequälter Gesichtsausdruck des Teufels ihn plötzlich veranlaßt, »Ist was?« zu fragen.

»Nicht der Rede wert«, beeilte sich der Teufel zu versichern. »Nur ...«

»Nur?«

»Nur, daß es sich genau umgekehrt verhielt.«

»Umgekehrt?«

»Oder andersrum«, sagte der Teufel mit einem etwas verrutschten Lächeln. »Oder nein, doch umgekehrt. Ich meine: Hiob wußte nichts.«

»Nichts?«

»Aber so erinnere dich doch«, beschwor der Teufel sein Gegenüber. »Hiob hatte sein Unglück beklagt, und du wolltest ihm beweisen, wie unverständig er war. Mittels deiner Rede. Einer ganz, ganz großartigen Rede übrigens. Schon der Einstieg ...«

»Ach ja, der Einstieg«, erwiderte Gott zögernd. »Der Einstieg ...« Einen Augenblick lang schwieg er. »Welcher Einstieg?« brüllte er plötzlich.

»Der zu deiner Rede. Dein Rede-Einstieg, um es kurz zu sagen.« Der Teufel erhob seine Stimme: »Wer ist der, der den Ratschluß verdunkelt mit Worten ohne Verstand? Gürte deine Lenden wie ein Mann, ich will dich fragen, lehre mich!«

»Sag mal – wie redest du eigentlich mit mir?« fragte Gott verblüfft.

»Aber so hast doch du mit Hiob geredet!«

»Ich?«

Schon wollte der Teufel abermals nach abschwächenden oder doch beschwichtigenden Formulierungen suchen, als Gott ihn unerwartet der Mühe enthob.

»Ja! Ich!« rief er strahlend aus. »So einer war ich! Hundert Fragen habe ich dem Hiob gestellt, und nicht eine hat er beantworten können, der Nichtsnutz! Nicht eine! Ich fragte: ›Wer bereitet dem Raben die Speise, wenn seine Jungen zu Gott rufen und fliegen irre, weil sie nichts zu essen haben?‹ Und was antwortete Hiob? Na?«

In gespieltem Unwissen zuckte der Teufel fast überdeutlich die Achseln. »Nichts?« fragte er dann scheinheilig.

»Nichts!« erwiderte Gott mit Nachdruck. »Und was, meinst du, wußte Hiob auf die folgende Frage zu antworten: ›Meinst du, das Einhorn werde dir dienen und bleiben an deiner Krippe?‹ Nun?«

Der Teufel hielt prüfend das Cognac-Glas gegen die tiefstehende Sonne. »Doch nicht etwa nichts?« murmelte er zögernd, wobei sein »nichts« gar nicht mehr zu hören war, da es vollständig von dem triumphierenden »Nichts!« Gottes übertönt wurde: »Gar nichts! Und auf meine Frage nach dem Strauß – überhaupt nichts! Auf meine Frage: ›Kannst du dem Roß Kräfte geben oder seinen Hals zieren mit einer Mähne?‹ Wieder nichts! Oder als ich ihn über Behemoth und Leviathan ausfragte –«

»Worüber?« fragte der Teufel verwirrt.

»Nilpferd und Krokodil nennt man die heute wohl«, erläuterte Gott.

»Ach ja, richtig«, sagte der Teufel. »Und? Was war da?«

»Nichts, nichts und wieder nichts!« schnaufte Gott begeistert.

»Was ja nicht gerade viel ist!« stimmte der Teufel mit ein.

»Äußerst wenig!« rief Gott glühend.

»So gut wie gar nichts!« übertrumpfte ihn der Teufel.

»Sag ich doch: Nichts, nichts und wieder nichts!«

Für eine Weile schien es so, als hätte Gott das letzte Wort behalten. Der Teufel brummte zwar noch etwas von »Das muß gefeiert werden«, hob auch prostend sein Glas, doch dann blickten beide schweigend in die Abendröte, die sich bereits anschickte, der beginnenden Nacht zu weichen.

»Was macht unser Bürstelfreund eigentlich?« sagte Gott plötzlich in die Stille und darauf: »Nein, das gibt's doch nicht!«

»Was?« Der Teufel hatte etwas Mühe, Gottes Zeigefinger zu folgen, aber dann sah auch er den jungen Mann. Der saß nun neben dem jungen Mädchen, doch sie auf einer Couch, während er auf einem Sessel Platz genommen hatte und gerade die Seiten eines großformatigen Buches umblätterte, welches auf dem niedrigen Glastischchen lag, umgeben von einer Teekanne, zwei Teetassen und einem Aschenbecher. Daß Hockney sich ständig um neue Formulierungen des Themas »Wasser« bemüht habe, erläuterte der Umblätternde, bei diesem Bild hier handle es sich um eine extrem unnaturalistische Umsetzung, geradezu abstrakt-dekorativ in seiner betonten Linienführung, das werde besonders deutlich, wenn man es mit »A bigger splash« vergleiche – worauf der junge Mann etwas nervös hin und her blätterte, bis er das

Bild mit dem Sprungbrett und dem sehr realistisch aufschäumenden Wasser gefunden hatte –: Da!

»Läuft wohl nicht viel mit Bürsteln«, sagte der Teufel, wobei er allerdings jeden rechthaberischen Tonfall vermied.

»Sieht nicht danach aus ...« Stirnrunzelnd beugte sich Gott abermals vor. »Sieht ganz und gar nicht danach aus ...« Geistesabwesend starrte er auf den Teufel. »Dabei hätte ich schwören mögen, daß er sie bürsteln würde ...«

Nun war es bereits so dunkel, daß die ersten Sterne sichtbar wurden. »Wie heißt er eigentlich?« Gott schaute sich ruckartig um, doch da war niemand, der ihm hätte Auskunft geben können.

»Mir –« begann der Teufel.

»Mir? Seit wann heißt jemand Mir?« fragte Gott überrascht.

»Nein, nein – mir war so, als habe das Mädchen den Mann vorhin Ewald genannt«, sagte der Teufel, der noch versuchte, ein rasches »Prost auch« anzuhängen, doch weit kam er gar nicht, denn »Ewald?« sagte Gott und »Ewald!« und dann »Mein Knecht Ewald!« und schließlich, nun schon voller Begeisterung: »Ewald! Das ist mein Knecht Ewald, an dem ich Wohlgefallen habe. Andere mögen meine Gesetze mißachten, ihre Tage sind ein Rauch, und ihre Nächte verbringen sie beim Bürsteln, eine Trauer sind sie mir und ein Ekel, doch da ist einer, der hat seinesgleichen nicht im Lande, der ist schlicht und recht, gottesfürchtig und meidet das Böse – mein Knecht Ewald!«

»Nu na, nu na«, wollte der Teufel zu bedenken geben, irgendwie ging ihm das alles zu rasch; doch da haute Gott feierlich auf den Tisch und fragte: »Willst du ihn nicht versuchen?«

»Wen?«

»Ihn da. Meinen Knecht Ewald.«

»Aber warum denn?« stammelte der Teufel verblüfft.

»Warum hast du denn meinen Knecht Hiob versucht?«

»Aber das war doch was ganz anderes!«

»War genau dasselbe!« Noch immer hämmerte Gott auf den Tisch, doch nun bereits in einem fordernden, fast wütenden Rhythmus. »Knecht ist Knecht. Da wird man schon mal verlangen können, daß er auch in schweren Zeiten zu mir hält.«

»Immer ich!« Der Teufel seufzte auf.

»Wer sonst?«

»Und wie stellst du dir das Versuchen vor?« wollte der Teufel wissen.

»Bin ich der Versucher oder du?« fragte Gott barsch zurück. »Nimm ihm irgendwas weg. Zum Beispiel seine Frauen.«

»Aber er hat doch gar keine.«

»Dann seine Söhne!«

»Hat doch nicht mal Frauen!«

»Dann seine Herden«, verlangte Gott, nachdem er den Gedanken an Töchter selbst verworfen hatte.

»Seine Herden!« Der Teufel griff in gespielter Verzweiflung zur Flasche. »Mitten in der Großstadt?«

»Dann eben seine Herde!«

Der Teufel sah Gott lauernd an, doch in dessen gerötetem Gesicht war kein Augenzwinkern zu entdecken. Daher schien es ihm geraten, einen sachlichen Tonfall anzuschlagen: »Es ist kaum denkbar, daß der junge Mann mehr als einen Herd besitzt, ja selbst dies möchte ich in aller Offenheit bezweifeln, da er ja zur Untermiete wohnt und –«

Gott, der während dieser Ausführungen wie abwesend in die Luft gestarrt hatte, riß plötzlich die Augen auf und sah den Teufel groß an: »Du wirst ihm doch wohl noch irgendwas wegnehmen können? Oder?!«

Der Teufel tat so, als denke er nach. Weshalb war alles immer so schwierig? Warum war sein Glas schon wieder leer? Wieso mußte ausgerechnet er immer in solch ungemütliche Situationen geraten?

»Na?« fragte Gott.

In seiner Verwirrung fiel dem Teufel nichts Besseres ein, als abermals angeregt auf die Erde hinabzublicken und aufs Geratewohl »Oha! Oha!« zu sagen. Doch diesmal hatte er Glück.

»Ist was?« fragte Gott sich vorbeugend. »Das darf doch nicht wahr sein!« schrie er sodann und schließlich: »Welch eine Ratte! Schau dir doch nur diese Ratte da an!«

»Welche Ratte denn nun schon wieder?« seufzte der Teufel, während er angestrengt in alle Richtungen blickte. Warum war da unten alles so undeutlich. Wieso wirkte alles derart verschwommen?

»Na, welche Ratte wohl?« Gott deutete erregt zur Erde. »Mein Bürstelknecht Ewald natürlich, wer denn sonst?«

»Bürstelknecht?« Doch nun sah der Teufel es auch: Nicht länger saßen der junge Mann und das Mädchen auf getrennten Möbeln, sondern nebeneinander auf der Couch. Kein Kunstband lag aufgeschlagen vor ihnen, eine entkorkte Flasche und zwei Gläser hatten seinen Platz eingenommen. Nicht mehr um Hockney drehten sich die Reden des jungen Mannes, sondern darum, wie denn das Ding da aufzukriegen sei, womit er offensichtlich den Büstenhalter meinte, an dessen rückwärtigem Teil seine Hände sich unter dem Pullover des Mädchens zu schaffen machten, ohne jedoch auf die erwarteten Haken und Ösen zu stoßen.

»Vielleicht will er ihr lediglich ... also den Rücken ...

wollen mal sagen ... kraulen?« fragte der Teufel halbherzig, doch Gott, der bereits zu einer hohnlachenden Antwort hatte ansetzen wollen, wurde dieser Mühe durch das Mädchen enthoben, das plötzlich entschlossen seinen Pullover abstreifte und vor den verwunderten Augen des jungen Mannes – sowie denen der beiden anderen, ihr verborgenen Zuschauer – den Büstenhalter dort aufhakte, wo der junge Mann auf Grund seiner bisherigen Erfahrungen zuallerletzt angesetzt hätte, vorne nämlich, da, wo sich zwischen den Körbchen ein von einer Textilblume verdeckter Verschluß befand.

Für einen Moment schwiegen alle vier, das Mädchen lächelnd, der junge Mann verblüfft, Gott mit einem triumphierenden Seitenblick auf den Teufel, und der mit gespielter Betretenheit. Doch als der junge Mann das zu tun begann, was nach Lage der Dinge unausweichlich zu tun war, wandte sich Gott brüsk vom Ort des Geschehens ab, entriß dem Teufel die Cognac-Flasche, stellte sie knallend auf den Tisch und fragte: »Wie spät haben wir es eigentlich?«

»Nacht«, sagte der Teufel und deutete mit einer schwankenden Handbewegung auf die Sterne, die bereits seit einiger Zeit in vollständigem Glanze erstrahlt waren.

»Vor zehn oder nach zehn?« fragte Gott hart. Der Teufel musterte verlegen das Firmament. Wieso wackelten die Sterne eigentlich so? »Um zehn«, sagte er schließlich, um überhaupt was zu sagen.

»Um zehn ...« Gott überlegte etwas, dann erhob er sich derart plötzlich, daß der Teufel Mühe hatte, das Tischchen und die Flaschen vor dem Umstürzen zu bewahren. »Ich muß noch einmal mit meinem Knecht Ewald reden«, sagte Gott erläuternd und wollte sich bereits zum Gehen wenden, als der Teufel, welcher unvermutet den, wie er sagte, bisher doch sehr netten Abend in Gefahr sah, plötzlich zu unerwarteter Eloquenz und Überzeugungskraft auflief.

Ob es denn nötig sei, daß Gott selber bei seinem Knecht vorspreche, gab er zu bedenken. Ob er damit nicht irgendeinen Stellvertreter auf Erden beauftragen könne? Nein, nicht den Papst, räumte er auf eine entsprechende Gegenfrage Gottes ein, bis der sich von Rom aus in Trab gesetzt habe, nein, nein, er denke da an irgend jemanden aus der Nachbarschaft des jungen Mannes, irgendein Nachbar könnte doch genauso gut in seinem, Gottes, Namen zu ihm da unten reden, etwa die – der Teufel überlegte kurz, dann schaute er Gott aus kleinen, aber glänzenden Augen an – die Zimmerwirtin. Die habe doch ohnehin darüber zu wachen, daß in ihren vier Wänden der – nennen wir es ruhig einmal so – Unzucht kein Vorschub geleistet werde, nach zehn dürfe sie daher jederzeit nach dem Rechten sehen, Gott brauche also lediglich seinen Geist über sie auszugießen, den Rest werde diese – und nun riß es den Teufel fort – ebenso prächtige wie gottesfürchtige Frau sicherlich zur vollsten Zufriedenheit abwickeln, sie aber, und damit meinte er jetzt den Gastgeber und sich – doch nun verstummte er, da Gott sich ächzend in den Sessel fallen ließ und eine Weile nachdenklich auf die Tischplatte starrte.

»Die Wirtin?« sagte er schließlich. »Name?«

»Reinig«, antwortete der Teufel, welcher so geistesgegenwärtig gewesen war, sich das kleine Blechschild an der Wohnungstür zu merken.

»Liegt wahrscheinlich schon längst im Bett«, brummte Gott mißmutig.

»Nein, nein, sie wischt gerade noch einmal die Küche auf«, versicherte der Teufel. »Da!«

»Tatsächlich.«

Eine Weile schauten beide der älteren Frau dabei zu, wie sie durch die bereits blitzblanke Küche schlurfte und gedankenverloren mit einem befeuchteten Lappen über Flächen, Bleche und Rohre fuhr, dann lehnte sich Gott zurück. »Wenn du meinst«, sagte er gedehnt, und mit diesen Worten goß er seinen Geist über Frau Reinig aus.

Am nächsten Tag begegnete der Kunstgeschichtsstudent Ewald S. in der Mensa seinem Freund, dem Psychologiestudenten Peter M., welchen er mit der Behauptung, er müsse ihm unbedingt etwas erzählen, an einen der unbesetzten Tische zog, um ihm überstürzt folgendes mitzuteilen: Also er, Ewald, habe gestern abend die Gesine, ja, die kleine Anglistin, abgeschleppt, alles sei auch schon prima gelaufen, als plötzlich kurz nach zehn die Wirtin an die Tür geklopft habe. Nein, nein, nicht um Damenbesuch nach zehn sei es ihr gegangen, ja, ja, das wisse er, daß das kein Straftatbestand mehr sei, nein, sie habe vielmehr – aber hoffentlich kriege er das alles noch zusammen, was sie da zusammengeredet habe. Also erstmal habe sie ihn aufgefordert, seine Lenden zu gürten wie ein Mann – möglicherweise habe er beim Öffnen bereits einen etwas derangierten Eindruck geboten –, dann habe sie ihn gebeten, sie zu belehren, worauf ein Wasserfall von Fragen gefolgt sei, die ihm auch jetzt noch, Stunden darauf also, nicht aus dem Kopf gingen. Ob er, Ewald, die Bande der sieben Sterne zusammenbinden oder das Band des Orion auflösen könne. Oder: Ob er vernommen habe, wie breit die Erde sei. Dann habe es Frau Reinig plötzlich mit den Tieren gehabt. Um Gemsen sei es gegangen, um irgendeine Hindin und um Raben. Dann habe sie des längeren vom Strauß erzählt, dessen Fittich sich fröhlich hebe, der aber seine Eier in der heißen Erde vergesse, da Gott ihm die Weisheit genommen und keinen Verstand zugeteilt habe, und welcher – also der Strauß immer noch – zu der Zeit, da er hoch auffahre, beide verlache, Roß und Mann. Schon wollte der Freund zu Erklärungen ansetzen, schon hatte er den Begriff »Klassische Paranoia« in den Redefluß des erregten Kommilitonen geworfen, als der ihn um Ruhe bat, er müsse zuerst noch den Rest der Ausführungen der Wirtin loswerden – soweit er sie überhaupt noch zusammenbekomme. Ja! Da sei es dann längere Zeit um das Nilpferd gegangen, dessen Schwanz sich recke wie eine Zeder und das den Strom in sich schlucke, ohne es groß zu achten, dann aber habe Frau Reinig plötzlich das Thema gewechselt und ihn gefragt, ob er das Krokodil mit dem Hamen ziehen könne und seine Zunge mit einer Schnur fassen. Um sie zu besänftigen, und auch aus Rücksicht auf Gesine – die saß doch die ganze Zeit halbnackt auf der Couch! – habe er diese Fragen strikt verneint, doch die Wirtin sei zu weiteren, immer anzüglicheren Fragen übergegangen, etwa der, ob er mit dem Krokodil wie mit einem Vogel spielen oder es für seine Dirnen anbinden könne. Ob er es wagen würde, die Kinnbacken seinen Antlitzes aufzutun – nein! nicht meine, die des Krokodils! – von dem die Frau Reinig noch gesagt habe, ja, wörtlich: Schrecklich stehen seine Zähne umher.

Und das sei nicht alles gewesen, fuhr Ewald beschwörend fort, die Frau habe dem Krokodil noch einen Mund voller feuriger Fackeln angedichtet und ein Herz so hart wie ein unterer Mühlstein, und unten an ihm seien scharfe Scherben, es fahre wie ein Dreschwagen über den Schlamm, und auf Erden sei seinesgleichen niemand, es verachte alles, was hoch ist, es sei ein König über alles stolze Wild – ausgerechnet das Krokodil!

Und dann?

Dann sei die Wirtin auf einmal verstummt und wieder weggeschlurft, doch mit Gesine sei natürlich nichts mehr gelaufen, die habe nach dem ganzen Terror sofort nach Hause gewollt, und er habe sie unter diesen Umständen natürlich auch weder zum Bleiben bewegen können noch wollen – die wahnsinnige Wirtin hätte ja jeden Moment wiederkommen und zu noch handgreiflicheren Belästigungen übergehen können.

Nachdem er bedenklich die Stirn gekraust hatte, stellte der Freund einige gezielte Fragen, dann entwickelte er aus dem Stand mehrere Hypothesen, die schließlich in einer einzigen, der des Sexualneides, zusammenliefen, zu deutlich hätten sich Begriffe durch ihre Reden gezogen wie Lenden, Eier, Schwanz, Hame – was immer das konkret bedeute –, und vor allem seien ihm die häufigen Anspielungen auf jenen ominösen »Unten«-Bereich aufgefallen, die Frau Reinig wiederum sämtlich dem Krokodil – übrigens ein sicher nicht zufällig sehr schwanzbetontesTier! – zugeordnet habe, all diese merkwürdigen Mühlsteine und Scherben, welche zweifelsfrei darauf schließen ließen, daß Frau Reinigs Sexualneid in einer tiefen Sexualangst wurzele.

»Nun hör dir doch diese Ratte an«, sagte Gott und stieß den immer noch schlafenden Teufel in die Seite. Der schreckte hoch und blickte aus sehr kleinen, sehr geröteten Augen auf leere Teller, verwüstete Kuchen, umgestürzte Gläser und halbvolle Flaschen, sodann, angestrengt den Kopf hebend, auf sein Gegenüber, das, bereits wieder hellwach und zürnend, auf die Erde deutete. »Welch eine Ratte!« wiederholte er voller Ingrimm. »Welch eine bodenlose Ratte!«

»Er wird sie doch nicht immer noch bürsteln?« fragte der Teufel verstört, während er verzweifelt versuchte, Gottes Fingerzeig zu folgen. »Nicht doch«, schrie er fast. »Er bürstelt sie in der Mensa? Aber nein«, fuhr er erleichtert fort, »dein Knecht Ewald redet ja nur mit jemandem. Sieht eigentlich ganz nett aus.«

»Wer?«

»Na, der da. Sein Gesprächspartner.«

»Der?« Gott lachte höhnisch auf. »Siehst du denn gar nicht, was der mit meinem Knecht Ewald vorhat?«

»Hat der was mit ihm vor?« Der Teufel riß die Augen auf und bemühte sich, ein Höchstmaß an Aufmerksamkeit an den Tag zu legen. Wenn ihm nur nicht immer der Kopf so hinabgesunken wäre. Warum sank ihm eigentlich der Kopf immer so hinab? »Will er ihn etwa – bürsteln?« fragte er noch, bevor sein Kopf wieder auf der Tischplatte aufschlug.

»Bürsteln? Ach was! Schlimmer! Viel schlimmer! Wenn ich mich nicht sehr täusche, dann ist der gerade dabei, meinen Knecht Ewald zu versuchen!« sagte Gott schneidend.

»Versuchen? Von deinen Gesetzen abbringen und so?« Der Teufel schien betroffen. »Aber das ist doch eigentlich meine Aufgabe!« versuchte er mit einem Rest von Würde zu sagen. Wenn er nur seinen Kopf vom Tisch bekommen hätte! Wieso bekam er eigentlich nicht seinen Kopf vom Tisch?

Gott lehnte sich zurück und blickte prüfend auf den Teufel, welcher schon wieder damit begonnen hatte, unüberhörbar vor sich hin zu schnarchen. »Nicht mehr lange«, schien sein Betrachter zu denken, »nicht mehr lange!« Doch hier sollte die Geschichte wohl besser schließen, denn wer darf schon von sich behaupten, er kenne sich aus in SEINEN Gedanken?

Laurie Graham

GESUNDHEIT UND KRANKHEIT

Männer werden schon krank, wenn der Wind sich dreht. Sie sind die Hauptkonsumenten von Medikamenten gegen Schnupfen, Übersäuerung und Verstopfung, von Heftpflastern, Vitaminen, mehrlagigen Papiertaschentüchern, Schmerztabletten und Bettruhe. Männer mögen Heilmittel. Sie schätzen die mit- und einfühlende Verabreichung derselben. Und zwar sofort.

Das Gesundheit und Krankheit betreffende Ehegelöbnis ist für Frauen am schwersten zu halten. Die Gründe dafür gehen wahrscheinlich zu Mama zurück. Das ist bei vielen Dingen so. Aber Mama sollte nicht das ganze Trommelfeuer abkriegen. Dreißig Jahre sind reichlich Zeit für jemanden, von den Windpocken zu genesen und erwachsen zu werden.

Keine Regel ohne Ausnahme. Und so gibt es nicht nur den Standardschniefer, sondern auch Herrn Unentbehrlich, der, komme, was da wolle, an seinem Schreibtisch sitzen muß, um alle mit seiner Grippe, seinem Ausschlag und seinem gebrochenen Arm zu beglücken und schließlich, das Diktaphon in der Hand, einem Herzinfarkt zu erliegen.

Präventivmedizin langweilt Männer. Sie hinken, was gesundes Essen und vorsorgliche Besuche beim Zahnarzt, wenn sie *keine* Zahnschmerzen haben, noch weit hinter den Frauen her. Der Ihre mag Ihnen so teuer sein, daß Sie bereit sind, sich eigenhändig um solche Details zu kümmern. Aber vergessen Sie nicht, wenn Sie Kinder haben wollen, werden Sie es auch für die Kinder tun müssen.

Manche Gebrechen sind beim verheirateten Mann sehr häufig. Hier einige, über die Sie Bescheid wissen sollten:

Harkenstich durch den Fuß. Er wird diese Geschichte sein ganzes Leben erzählen, und Sie werden genötigt sein, die herbstliche Pflanzung des Krokus allein zu beenden.

Schnittverletzungen durch Konservendosendeckel. Was erwarten Sie sonst, wenn Sie die halbe Nacht bei Ihrem Französischkurs sind und es ihm überlassen, sich sein Abendessen selbst zu machen? Konservendosen sind nicht vertrauenswürdig.

Muskelzerrungen. Die können jede erdenkliche Ursache haben. Squash mit jemandem, der jünger und besser in Form ist und kurz vor einer Beförderung steht, mit einer Frisbeescheibe angeben, mit einer Frisbeescheibe angeben *und* versuchen, den Bierbauch bis zur Unkenntlichkeit einzuziehen, sogar Schwangerschaftsgymnastikkurse.

Und natürlich droht stets der jähe Tod durch die gewöhnliche Erkältung.

Fünf Essentials für die Pflege eines kranken Mannes

- Ein Haus ohne Treppen
- Eiswürfel, Trinkschokolade, Hühnerbrühe, wie sie seine Mutter zu machen pflegte
- Seine Mutter und eine Poularde
- Dr. Meyers patentierter Knitterlakenstraffzieher
- Eine große Flasche Schnaps

Ehefrauen werden weitaus seltener krank als Ehemänner. In erster Linie, weil sie nicht die Zeit dafür haben. Sie bleiben meistens am Ball, bis sie etwas wirklich Ernsthaftes haben, oder entwickeln eine chronische Übellaunigkeit, die für viele Jahre stillen Leidens gut ist. Sie sind die Hauptkonsumentinnen von Hühneraugenpflastern, Stützstrümpfen, Anregungs- und Beruhigungsmitteln, neuen Lippenstiften, Gesprächen von

Frau zu Frau, und damit im allgemeinen billig im Unterhalt. Sie brechen nur im Extremfall zusammen, und selbst wenn die Flammenschrift an der Wand erscheint, legen sie sich nicht eher unters Messer, als bis sie die Betten frisch bezogen und die Tiefkühltruhe mit nahrhaften Eintopfgerichten gefüllt haben. Ist das nicht albern? Selbst nach einer großen Operation werden sie versuchen, keine Unordnung zu machen und keine Plage zu sein.

Frauen sind über Gesundheit besser informiert als Männer, aber sie praktizieren oft nicht, was sie predigen. Sie schreien andere Leute an – »Iß dein Gemüse!« – und dann nehmen sie mittags eine Mahlzeit zu sich, die aus einer Tasse Tee und einer Tafel Schokolade besteht. Weil sie einfach zu sehr damit beschäftigt sind, Vorhänge zu säumen oder Generalsekretär der Vereinten Nationen zu sein. Und irgendwie meinen sie auch, sie lebten ewig. Tatsächlich *wissen* sie, daß sie ewig leben *müssen*, weil niemand sonst so gute Fleischbällchen macht.

Es gibt Dinge, mit denen Frauen ihre Männer nicht gerne behelligen. Dinge aus der Region zwischen Gürtel und Knie, wenn Sie verstehen, was ich meine. Komisch genug, denn auch Männer kann dort manches plagen, und wenn dem so ist, erfährt es die ganze Welt. Begännen Männer zu menstruieren, dann würde, glaube ich, unverzüglich der allgemeine Notstand ausgerufen. Frauen leiden lieber still. Außer bei der Geburt. Da muß mann sich darauf vorbereiten, seine Frau in einem neuen Licht zu sehen.

Natürlich ist die Geburt keine Krankheit. Okay, frau hat Sodbrennen, Brechreiz am Morgen, Krämpfe in der Nacht, geschwollene Knöchel und Krampfadern, sie macht, was Gestalt, Gefühlsleben und Stoffwechsel betrifft, einen radikalen Wandel durch, aber das ist keine Krankheit. Vielleicht blüht sie auf, strahlt und reagiert überhaupt wie eine robuste Zuchtstute, nur sicher ist das nicht. Auf jeden Fall sollte mann folgendes wissen: Wenn Sie Kurse für werdende Eltern besuchen, erfahren Sie von Körperteilen Ihrer Frau, von denen Sie sich nie hätten träumen lassen, und wenn Sie die hochmoderne Version dieser Kurse besuchen, werden Sie freundlich dazu aufgefordert, mit Schaumgummirepliken dieser Teile umzugehen. Nur Mut!

Hier noch ein Hinweis auf zwei wichtige Frauenleiden. Das erste ist der Hirntod durch Hausarbeit. Bei Früherkennung heilbar, doch kann die Heilung zu weiteren Komplikationen führen wie ungemachte Betten und Zettel, auf denen ES WIRD SPÄT HEUTE ABEND. DEIN ESSEN IST IM SUPERMARKT. Das zweite sind Nackenschmerzen. Kann an zugigen Fenstern, schlechten Kino- und Theaterplätzen oder Sorgen wegen eines weiteren Golfkrieges liegen, wird aber meistens durch die Pflege eines kranken Gatten verursacht.

Fünf Essentials für den Mann als Krankenpfleger

- Eine Zwangsjacke
- Ein Aerosolspray mit Schweinebratenduft
- Eine eidesstattliche Versicherung, daß Sie in *keinerlei Hinsicht* die Dienste einer anderen Frau in Anspruch nehmen werden
- Ein Versteck für alle Pullover, die Sie zu heiß gewaschen, und alle Kochbücher, die Sie eingesaut haben
- Eine große Flasche Schnaps

Elke Heidenreich

BIORÜTTMUS

Neulich hattich mit Willi ma widder Knies, aber fragense mich gezz nich, warum – da gab ein Wort datt andere un aus waret mitten friedlichen Feierahmt, nä. Meist ist mir sowatt egal, musset ja, wo käm ich sonz hin, datt is ehmt Ehealltach, nä. Aber manchma krichich ja doch datt aame Dier un sitz inne Küche un heul mirn Stücksken. Kennse datt auch, datter Tach manchma schon gelaufen is, eh datter überhaupt angefang hat? Sehnse, un an so Tage, wo morgens schon alles zu spät is, da gibtet ehmt ahms auch Knies, da kann ich hundertma wissen, datter Mann überall seine Plörren hinschmeißt, wo er geht un steht, an son Ahmt kannich den Mund nich halten, un dann gehter hoch, un der Rest ist alles andere wie Schweigen, nä.

Ja. Un dann sitzich mit rote Augen wie gesacht inne Küche, trink mirn Täßken Kaffee un les auch schomma

Illustrierte, weil datt Elend von Prinzessin Carreline tröstet mich dann immer. Aber diesma stand watt ganz anderes inne Zeitung, watt mich getröstet hat, passense auf, könnse vielleicht aumma brauchen:

Et liecht alles an diesen Biorüttmus. Alles. Ob Willi un ich uns zanken, wie der Kohl regiert, ob der Herr Burda, der doch sonz nich auffem Kopp gefallen ist, an ein schwachen Tach ausgerechnet den fiesen Boenisch widder einstellt, datter seine gehässigen Atikkel bei ihn inne Zeitung schreibt, wie vor zwanzich Jahre inne Bildzeitung, gibt ja welche, die nie watt dazu lernen, also, all datt, nä, liecht einzich un allein an diesen Biorüttmus. Un wenn DER nich stimmt, kannze den Rest vergessen. Da gibtet nemmich so Kurven drin, un wenn da Leute zusammkomm, wo de Kurven nich passen, dann gute Nacht Marie. So isset ja bei Willi un mir nich, nä, manchma vertragen wer uns ja auch, aber dann geht seine Kurve plötzlich mehr im Geistigen un meine so mehr im Gefühl, verstehnse, un dann ham wer den Salat schon widder – obwohl, wo dem seine Kurve ausgerechnet im Geistigen ... na ja, flöt, jedenfalls, der Dockter, der datt in diese Illustrierte aussenanderverkasematuckelt hat mitten Biorüttmus, der sacht, jeder Mensch hätte von Geburt an sein persönlichen eigenen Privatrüttmus, nä. So.

Und da gibtet nu Plus- und Minus-Tage, datt geht

von himmelhochjauchzend bis runter nach zutodebetrübt, un zwa immer in ein Bereich vonnen Geist, ein vonne Seele und ein vonnen Körper, un die sind alle verschieden, un da müssen wer gezz durch. Un gezz gibtet die Möchlichkeit, datt bei ein Paa immer alle Kurven gleich sind, is aber selten – waatense, ich überlech grade, ob mir kein Beispiel einfällt ... Nänzi un Ronald Dingens vielleicht, immer beide gleich feste am Strahlen, die könnten de gleichen Kurven ham, oder et gibt welche, da stimmt nix, Änne un ihren Gatte, in England da. Datt weisse aber am Anfang nich, nä, da bisse noch verliebt un denks nich anne Kurven, jedenfalls nich an die. Un dann gibtet Leute, da passen de Kurven irgenzwie, aber nich immer, un an bestimmte Tage gehnse aussenander, dem einen seine rauf, dem andern seine runter, un dann gibtet Funken, un so isset bei Willi un mir. Hamse datt gezz verstanden?

Wo ich datt gezz weiß, geh ich den Alten an so Tage ehmt aussen Wech, aber dazu muß ich ja ersma wissen: Watt habbich denn überhaupt fürn Biorüttmus? Un datt kann man nu widder ausrechnen, passense auf:

Sie müssen von Ihre Geburt an de Tage zählen ... aber passense auf, dattse de Schaltjahre mitrechnen, von 1900 an wa nemmich jedes 4. Jah en Schaltjah, also sagen wer gezz ma, 1929 wennse geboren sind, nä, dann rechnense 365 Tage für 1900 un 365 für 1901 un 365 für

1902 un 365 für 1903, un für 1904 müssense dann ein Tach weniger – oder nä, ein Tach mehr? Weiß ich gezz ganich ... is auch egal, datt müssense soweso selber rechnen, je nachdem wannse ehmt geboren sind, nä, müssense de Tage ausrechnen, un die müssense dann fürde körperliche Kurve durch 23 teilen un für de Gefühlskurve durch 28 und fürm Geistigen durch 33, un dann könnse genau ausrechnen, wann –

Nä, waatense ma ... Gott, watt is datt alle verzwickt, nehmwer gezz ma an, an 15. Tach in Monat sindse mehr so gefühlsbetont, dann kriegense am 18. datt Tief un könn am ... ach Kokkelores! Leckt mich doch inne Täsch mitte Biokurve! Als ob datt an irgendzwelche Kurven liecht, wenn Willi un ich uns anne Wäsche gehen! Datt liecht einzich un allein dadran, datt er de Plörren inne Bude rumschmeißt un nix weckräumt, un datt ich da den Mund nich drübber halten kann, dadran liecht datt un an kein Rüttmus un nix. Un genauso isset mitte Regierung auch. Von wegen: Biorüttmus. Wo nix is, is nix.

Tama Janowitz

SONNENSTICH

Du hast überhaupt keinen Urlaub gewollt. Schon daheim zu bleiben, erfordert all deine Kraft, und wenn du verreist, mußt du nicht bloß all die gewöhnlichen Sachen machen, die dich bereits zu Hause total fertig machen, sondern auch noch Fahrkarten kaufen, das Reinigungsmittel für die Kontaktlinsen auftreiben, eine Wäscherei suchen und dergleichen. Viel lieber würdest du einfach im Bett liegen und darüber nachdenken, wie gut alle anderen sich amüsieren. Aber dein Freund hat eine Ausstellung seiner Gemälde und findet, ihr müßtet beide mal für ein paar Tage rauskommen.

Du brauchst tagelange Vorbereitungen für diesen Urlaub auf Haiti. Du entschließt dich, deine Beine endlich mal gründlich enthaaren zu lassen. Es ist das schrecklichste Unternehmen, auf das du dich je eingelassen hast. Wenn der Termin schließlich wirklich bevorsteht, bist du auf eine Operation vorbereitet, die noch schmerzhafter ist als eine Abtreibung. Du fragst dich, wer sich die Wachsbehandlung wohl ausgedacht hat. Unter anderem gehört dazu, daß eine kleine puertoricanische Kosmetikerin dich auf spanisch anschreit, während sie dir kochendheißes Wachs auf die Beine schüttet und dir damit die Haare herausreißt.

Du wünschst dir, die Mode würde sich ändern und haarige Beine bei Frauen wären der letzte Schrei. Irgend jemand hat einen Riesenfehler gemacht, als sie dir eine weibliche Rolle zugeteilt haben; du wirst das Gefühl nie überwinden, daß du als Frau eine Hochstaplerin bist.

Den ganzen Montag verbringst du damit, nach den richtigen, sündteuren Sonnenschutzmitteln und Hautcremes zu suchen. Du weißt eigentlich nicht recht, warum du die eine Hälfte deines Lebens damit verbringst, alle ätherischen Öle aus deiner Haut rauszuschrubben, und die andere damit, daß du das Zeug wieder draufschmierst. Du kannst den Tag gar nicht erwarten, an dem die Evolution so weit fortgeschritten ist, daß die Menschen nur noch große, graue, schlaffe Gehirne in Plexiglasschüsseln und die Körper überflüssig sind. Vielleicht wirst du dann endlich um deiner selbst willen geliebt. So, wie es aussieht, ist die Evolution bei deinem Körper ohnehin schon viel weiter gediehen als bei den meisten anderen Menschen. Für körperliche Ertüchtigung hast du dich nie interessiert. Dein hochentwickelter Geist bewohnt einen Hirnkasten, der auf einem großen, larvenähnlichen Rumpf mit schwachen, fühlerähnlichen Gliedmaßen sitzt.

Das Essen im Flugzeug ist unglaublich gut. Hervorragend! Die Köche im hintern Teil der Maschinen haben ganze Arbeit geleistet; man kriegt eine weiße, hühnerfleischähnliche Masse, die in einer delikaten, speichelfarbenen Sauce serviert wird, ein ungewöhnliches, in Röhrenform gepreßtes Gemüse und einen Salat mit richtigen Tomatenscheiben und echten Salatblättern. Das ist wahrscheinlich das letzte frische Essen, das du in den nächsten fünf Tagen zu Gesicht kriegen wirst.

Damit dein Freund sich ein bißchen beruhigt – er findet Fliegen ungeheuer erotisch –, fütterst du ihn mit deinem Stück Kuchen, das völlig unter seinem üppigen, gelben Zuckerguß verschwindet. Neben der Kaffeetasse liegt ein kleines Tütchen mit einem weißen Pulver, das zu einer sahneähnlichen Substanz wird, wenn man es mit dem Kaffee verrührt. Daß es möglich ist, kilometerhoch über dem Boden solches Essen aufzutischen, ist eine Spitzenleistung des modernen Menschen: Es muß sehr schwierig sein, so weit oben Salat und Hühner und dergleichen zu züchten.

Ihr wohnt auf einer Insel, die ungefähr eine Stunde von Port-au-Prince entfernt liegt.

Auf den Prospekten im Reisebüro waren eigenartigerweise zahllose Palmen und Eingeborene mit prächtigen Gebissen zu sehen, aber zumindest die Palmen haben sie wohl nur gemietet, um die Reklamefotos machen zu können, denn die gesamte Insel zeigt keinerlei Vegetation.

Das einzige, was es auf der Insel überhaupt gibt, ist das Hotel. Gleich als erstes sagt der Empfangschef, man solle das Wasser nicht trinken und weder frisches Gemüse noch Obst zu sich nehmen. Ein mürrischer, hochnäsiger Page, der eine Thermosflasche mit Trinkwasser für euch dabeihat, führt euch zu eurer Hütte. Die Hütten sind alles spitzgieblige Schweizer Chalets; wer immer diese Feriensiedlung gebaut hat, muß *Heidi* und Die *Trapp-Familie* einmal zu oft angeschaut haben. Das Hotel sieht aus, als ob Walt Disney einen Nervenzusammenbruch gehabt und die Pläne für Bali H'ai und das Schweizer Dorf in Disneyland durcheinandergebracht hätte.

Ihr geht mal kurz schwimmen, und als ihr wieder herauskommt, teilt der mürrische Page euch mit, daß anstelle des Abendessens heute eine Grillparty am Swimmingpool stattfinden wird. Ihr könnt leider nicht duschen, weil das Wasser in eurer Hütte nicht funktioniert, aber man sagt euch, das sei ein vorübergehender Zustand.

Ihr zieht euch um und geht hinaus, um die Aussicht zu genießen. Ein dicker, rosiger Mann stellt sich direkt vor euren Picknick-Tisch, so daß kein Entkommen mehr ist. »Du hast recht, Linda«, sagt er, »Feuer kann ich keins sehen, bloß Rauch.«

Deun Freund fragt: »Was brennt denn? Ist das ein Feuer in Port-au-Prince?« Auf der anderen Seite der Bucht, ungefähr dort, wo die Lichter der Stadt sind, steigen vor dem weißen, mondhellen Nachthimmel schwarze, knisternde Rauchwolken auf.

»In Port-au-Prince ist es nicht«, sagt der Mann. »Das ist viel näher, ein Buschfeuer.«

Dein Freund fängt eine Unterhaltung mit dem übergewichtigen Mann an. Seine Freundin sitzt am nächsten Tisch und heißt Linda. Sie hat auch ein bißchen Übergewicht, aber es sieht so aus, als hätte sie bloß deshalb Speck angesetzt, um ihrem Freund Gesellschaft zu leisten. »Wir sind Berufsreisende«, sagt der Mann. Er winkt Linda an euren Tisch, an dessen Kante er bereits seinen Bauch gelehnt hat.

»Das stimmt doch gar nicht, Michael«, sagt Linda.

»Wie würdest du uns denn sonst nennen?«

»Nun, wir reisen eben«, sagt Linda.

»Wissen Sie, ob man in Port-au-Prince Gemälde kaufen kann?« fragt dein Freund.

»Die Bilder sind alle gleich«, sagt Michael. »Irgend jemand stellt sie serienmäßig her. Wofür wollen Sie die Dinger?«

Dein Freund setzt zu einer Erklärung an: »Ich bin Künstler ...«

»Ich auch«, sagt Michael.

»Nein, bist du nicht«, sagt Linda. »Du bist Computergrafik-Designer.«

»Ich kaufe solche Gemälde«, erklärt dein Freund weiter, »und übermale sie dann.«

»Warum?« fragt Michael.

»Das weiß ich nicht.«

»Kann man Ihre Bilder irgendwo sehen?« fragt Michael. »In New York?«

»Ich hatte gerade eine Vernissage«, sagt dein Freund. »Deshalb bin ich jetzt hier. Ich habe einfach ein paar Tage Urlaub gebraucht.«

»Oh, ja«, sagt Michael. »Letztes Jahr haben wir so etwas Ähnliches erlebt. Lindas Vater hat einen Oscar gekriegt ...«

An dieser Stelle gelingt es dir, das Gespräch zu unterbrechen, indem du erklärst, es wäre Zeit, sich beim Grill anzustellen und sich etwas zu essen zu holen. Du zerrst deinen Freund zu einem abseits liegenden Tisch und entrinnst auf diese Weise einer weiteren Unterhaltung mit den Berufsreisenden.

Nachdem du eine schlaflose Nacht lang Moskitos gejagt hast, steht du frühmorgens auf und läßt dich den ganzen Tag lang am Strand rösten. Der Oberkellner kommt zu euren Liegestühlen herüber und fragt, welches der beiden Menüs ihr zum Abendessen wollt: *Boeuf bourguignon* oder *Churkey*.

»*Jerky?*« fragst du und stellst dir dabei eine haitianische Spezialität aus getrocknetem Fleisch vor.

Es zeigt sich, daß der Oberkellner kein Englisch versteht. Du versuchst ihn auf französisch zu fragen, ob ihr vielleicht zwei schöne Hummer haben könnt. Als du ausgeredet hast, wirft dir der Kellner einen erstaunten Blick zu: »Sie wählen *Boeuf bourguignon* oder *Churkey*.«

Es wird dir klar, daß du etwas gesagt hast, was ungefähr bedeutet: »Wir wünschen das Bedürfnis, daß die Hummer für das Imbißereignis gekocht werden.« Du bist wütend über dich selbst. Da hast du nun jahrelang Französisch gelernt – auf der Grundschule, auf der High School, an der Universität –, aber offensichtlich ist kaum etwas hängengeblieben.

Bei jeder Mahlzeit spielt eine dreiköpfige Band. Sie kennt nur zwei Lieder. Ihr nennt sie das *Royal Haitian Zombie*

Trio. Du sitzt auf der Veranda eurer Sennhütte, aber dein Freund hockt unter einem Baum am Strand und lauscht seinem Walkman von Sony, als die Combo sich nähert. Das Trio geht von Baum zu Baum und spielt – in der Hoffnung auf Trinkgelder – jeder Gruppe von Sonnenanbetern seine beiden Repertoirestücke *Yellow Bird* und *Que Sera* vor. Der eine Musiker beginnt direkt neben deinem Freund auf die Bongotrommeln zu dreschen, aber der scheint ihn gar nicht zu hören. Er dreht sich nicht einmal um. Erst nach einer Minute oder so spürt er die Vibrationen der Trommel und dreht sich doch um. Er zeigt auf seine Ohren, die von den Kopfhörern bedeckt sind.

Du fängst an zu lachen. Einer nach dem anderen hören die Musiker auf zu spielen. Jetzt merken sie, daß du lachst, und schleichen sich davon. Während eures gesamten Aufenthalts auf der Insel ist dies das einzige Mal, daß die Band ein Stück nicht beendet.

In der zweiten Nacht sucht dein Freund nach einer Methode, die Moskitos daran zu hindern, ihn in die Ohren zu stechen. Schließlich kommt ihm die Idee, sich dein Bikini-Unterteil über den Kopf zu ziehen. Nur sein Gesicht ist noch frei. »Die kriegen mich nicht heute nacht«, sagt er.

Der Anblick eines Mannes mit einem Bikini-Unterteil auf dem Kopf ist etwas merkwüdig, aber du sagst lieber nichts. Ehe ihr einschlaft, seht ihr noch ein bißchen mit eurem kleinen Watchman-Fernseher fern. Ihr könnt euch beide nicht vorstellen, daß ihr irgendwo ohne ihn hinfahrt. Es gibt nur einen Kanal, auf dem der Film über den Jim-Jones-Massenselbstmord in Guayana in französischer Sprache gezeigt wird. Dann singt ein dicker alter Mann, der ein bißchen wie Liberace aussieht, französischen Rock 'n' Roll, während hinter ihm drei Mädchen tanzen, die Entenmasken vor dem Gesicht haben.

Dein Freund sagt: »Komisch. Ich habe mir gerade überlegt, für junge Leute, die kein Englisch gelernt haben, muß es doch komisch sein, ständig amerikanische Schlager zu hören. Ich meine, sie wissen doch gar nicht, was sie bedeuten.«

Du freust dich, daß ihr, wenn ihr mal aus dem New Yorker Streß raus seid, so richtig intim miteinander reden könnt, du und dein Freund. Jetzt bist du froh, daß du deinem Freund nicht verboten hast, sich dein Bikini-Unterteil über die Ohren zu ziehen, auch wenn er es wahrscheinlich ausweitet.

Am nächsten Tag kann dein Freund nicht mehr aufstehen. Du sagst ihm, er wäre gestern zuviel in der Sonne gewesen, aber er behauptet, er hätte eine Tropenkrankheit, und schläft einfach weiter. Er wacht den ganzen Tag nicht mehr auf.

Du bist schon immer ein schüchternes Mädchen gewesen, aber gegen Abend fühlst du dich etwas einsam. Du gehst über den Strand zur Bar, bestellst dir einen schauderhaften Drink, der in einem Elektromixer gemacht wird, und wünschst, du wärst mutig genug, um mit jemand zu reden. Du beschließt, daß du sauer auf deinen Freund bist. Es ist schon eine Zumutung, dich hier in die Wüste zu schleppen und sich dann irgendeine Dschungelkrankheit zu fangen.

Neben dir sitzen zwei braungebrannte, blonde Glamourboys aus den USA. Sie sind sich ihrer sehr sicher. Sie verrenken sich die Hälse nach einer hübschen kleinen Französin, die mit ihren Eltern da ist. »Was denkst du, wie alt ist sie?« fragt der eine.

»Alt genug!« erwidert der andere.

Diese Typen trifft man überall auf der Welt, und sie sind immer gleich. Sie reisen mit einem lebenslänglichen Studentenwohnheim über dem Kopf. Du würdest alles geben, wenn du auch so selbstsicher wärst, so amerikanisch. Du redest dir ein, daß sie dich nur deshalb nicht ansprechen, weil deine Nase inzwischen von der Sonne knallrot ist.

Am nächsten Tag wacht dein Freund auf. Ihr verbringt einen weiteren Tag am Strand. Das Essen im Restaurant wird immer schlechter. Zum Abendessen wird eine glühendheiße Bohnen-Kohl-Suppe serviert; als Hauptgang gibt es gewürfeltes Rindfleisch in brauner Soße und einen Haufen Kartoffeln.

In einem Skihotel wäre das genau richtig. Die Temperatur ist am Abend auf neunundzwanzig Grad gefallen. Die Leute essen mit dumpfer Verzweiflung. Sie scheinen alle zuviel in der Sonne gewesen zu sein. Sie sehen hektisch und krank aus – so als wäre dies ein ganz spezielles Sanatorium, wo man zwar gesund ankommt, aber schon nach kurzer Zeit krank wird. Wo sind bloß all die köstlichen Kokosnuß-Curries, die Gumbo-Suppen und Hummer? Der Küchenchef muß verrückt sein. Das Essen schmeckt, als würde es direkt aus irgendeiner gräßlichen High-School-Mensa geholt.

Plötzlich fällt dir auf, daß die Stühle im Restaurant die unbequemsten sind, auf denen du je gesessen hast. Du würdest viel lieber auf der Couch in der Empfangshalle sitzen. Du mußt sofort von diesem schrecklichen Stuhl runter, wenigstens für eine Minute. »Ich muß mich mal raussetzen«, sagst du zu deinem Freund. Dir ist plötzlich speiübel.

Dein Freund sieht verblüfft aus. Du gehst hinaus und setzt dich auf die Couch, merkst aber schon nach einer Minute, daß du auch da nicht sitzen kannst. Du kommst zurück an den Tisch. »Was ist los?« fragt dein Freund. »Du bist ja ganz käsig.«

»Ich kann hier nicht bleiben«, sagst du. »Ich geh' mal auf unser Zimmer.«

Dein Freund hilft dir zurück in die Sennhütte. Auf dem Weg dahin werden die Dinge an den Rändern plötzlich alle ein bißchen schwarz. »Willst du denn gar nichts mehr essen?« fragt dich dein Freund.

»Ich möchte mich hinlegen«, sagst du.

Als du in deinem Zimmer bist, wirfst du einen Blick in den Spiegel. Deine Bräune ist völlig verschwunden. Einfach weg. Deine Haut tut so weh, vor allem hinten auf deinen Beinen, daß du gar nicht mehr geradestehen kannst. Du legst dich aufs Bett und verlierst das Bewußtsein.

Nach einer Weile kommt dein Freund wieder und bringt dir ein Brötchen mit Butter, aber dir ist viel zu übel, du kannst es nicht essen.

Am nächsten Tag schläfst du bis zum frühen Nachmittag. Dann endlich läßt dein Freund dich wieder zum Strand runter, allerdings nur mit einem T-Shirt, einer langen Hose, seiner Baseball-Mütze und der Sonnenbrille. Du fühlst dich außerordentlich zerbrechlich und schwach. Deine Haut ist so übel verbrannt, daß du nur mühsam herumhumpeln kannst, aber dein Freund besorgt dir eine bequeme Liege im Schatten eines Baumes.

Du wolltest so gern schön und strahlend aussehen, in einem verführerischen Bikini und tiefgebräunt. Aber du bist nun mal nicht dieser Typ. Du hast jetzt eine Haut wie ein gebratenes Huhn, äußerst knusprig.

»Weiß du was?« sagst du zu deinem Freund. Er streichelt einen großen, glatten, phallusförmigen Korallenstamm, wie sie zu Hunderten am Strand herumliegen. »Ich bin zu dem Schluß gekommen, daß ich keine Frau mehr sein will. Ich habe es satt.«

»Wieso?« fragt dein Freund.

»Ach, ich fühle mich als Frau wie eine Hochstaplerin. Diese ganzen Hormone, die da herumwirbeln, haben mit mir überhaupt nichts zu tun. Es ist wie eine Fassade. Ich wäre viel lieber ein Mann. Würdest du trotzdem weiter mit mir ausgehen?«

»Du halluzinierst ja«, sagt dein Freund. »Du mußt einen Sonnenstich haben.«

Während die Sonne untergeht, fällt dir auf, daß sich gerade jede Menge tropischer Beschreibungen anbieten. Der Himmel ist violett, der Mond ist wie eine Orange, die Sterne sind gelb, und die Blätter glänzen wie Silber. Eine Kitschpostkarte, komplett mit balsamischen Düften und frischem Seewind. Die Band spielt wieder mal *Yellow Bird.*

Ephraim Kishon

BESUCHSZEITEN: MONTAG UND DONNERSTAG

Zu den hervorragenden Nationaleigentümlichkeiten Israels zählt die Disziplin; eine lückenlose, allumfassende Disziplin – und dennoch keine eiserne, wie etwa in den totalitären Staaten, wo man allen Befehlen blind gehorchen muß. Nein, wir obliegen einer Disziplin, die individuell gefärbt ist. Wenn wir zum Beispiel eine Telefonzelle mit der Tafel *Außer Betrieb* sehen, so überkommt uns sofort der heftige Wunsch, gerade aus dieser Zelle zu telefonieren, und in neun von zehn Fällen tun wir das auch. Eine Tafel mit der Aufschrift *Bitte das Geld sofort nachzählen, spätere Reklamationen werden nicht berücksichtigt* veranlaßt uns unweigerlich, den betreffenden Schalter sofort zu verlassen, das Geld erst später nachzuzählen und Krach zu schlagen, weil man uns beraubt hat. Wenn allerdings auf einer Tür die Aufschrift *Eintritt verboten* prangt, dann treten wir wirklich nicht ein. Außer wenn wir unbedingt müssen. Oder um nachzuschauen, was eigentlich hinter der Tür los ist. Oder aus irgendwelchen anderen Gründen.

Damit komme ich allmählich zu meiner Tante Ilka, jener liebenswerten alten Dame, die vor einigen Jahren, als sie gerade mit der Säuberung ihres Fußbodens beschäftigt war, einen leisen Pfiff ausstieß und sich nicht mehr aufrichten konnte. Ihr Meniskus oder etwas dergleichen hatte Schaden genommen, und Tante Ilka mußte ins Spital, wo man sie in der Abteilung 14 unterbrachte.

Kaum untergebracht, trug Tante Ilka der Oberschwester auf, uns alle telephonisch ans Krankenlager zu berufen und uns an ihre, Tante Ilkas, Vorliebe für Käsebrötchen zu erinnern, die vom Spital nur bei schweren Herzattacken verabreicht würden.

Der Familienrat entschied, daß ich der richtige Mann für diesen Auftrag sei. Man händigte mir ein Paket mit in Asche gebackenen Käsebroten aus, und bald darauf stand ich vor der doppelten Stacheldrahtumzäunung,* die das Areal des Krankenhauses umgab. Das eiserne

* Auch das ist eine Erbschaft aus der Mandatszeit. Zum Schutz gegen Überfälle jüdischer Terroristen ließ die britische Verwaltung um alle öffentlichen Gebäude von einiger Wichtigkeit enorme Stacheldrahtverhaue legen, und die israelische Regierung hält das aus purer Trägheit aufrecht.

Tor war geschlossen. Erst nach längerem höflichem Pumpern erschien ein stämmiger Portier und sagte: »Besuchszeiten Montag und Donnerstag nachmittag von 2.45 bis 3.30.«

»Danke sehr«, sagte ich. »Aber jetzt bin ich schon hier.«

»Lieber Herr«, sagte der Türhüter, »es liegt im Interesse der Patienten. Besuche regen sie auf und verzögern den Heilungsprozeß. Stellen Sie sich doch vor, was geschehen würde, wenn wir pausenlos Besuche einließen.«

»Sie haben vollkommen recht«, sagte ich, »das wäre schrecklich. Und jetzt lassen Sie mich bitte hinein.«

»Nein«, sagte er. »Ich habe strengen Auftrag. Sie betreten das Gebäude nur über meine Leiche.«

»Das möchte ich nicht. Ich möchte zu meiner Tante Ilka.«

»Nichts zu machen. Aber um 2 Uhr werde ich abgelöst. Vielleicht haben Sie bei meinem Nachfolger mehr Glück.«

Der Mann war nicht nur ein Fanatiker, er war auch noch stolz darauf. Ich wandte mich ab, Haß im Herzen und zornige Flüche auf den Lippen. »Mögen alle hier vertretenen Krankheiten dich gleichzeitig heimsuchen, du tobsüchtiger Maniake!« fluchte ich. »Und wenn du zerspringst; ich komme zu Tante Ilka hinein!«

Etwas später klopfte ich wieder an das Eingangstor, verfiel aber nicht in meinen früheren Fehler, sondern sagte dem neuen Portier:

»Ich bin von der Redaktion der ›Jerusalem Post‹ und soll einen Artikel über Ihr Spital schreiben.«

»Einen Augenblick«, sagte Torhüter II. »Ich rufe Dr. Gebennehmer.«

Dr. Gebennehmer, ein Mann von gewinnenden Umgangsformen, empfing mich auf die netteste Weise und erbot sich sofort, mir das Institut zu zeigen.

»Vielen Dank, Herr Doktor«, sagte ich. »Aber ich finde mich lieber selbst zurecht. Das ist die neue Reportertechnik, wissen Sie: unmittelbare Eindrücke sammeln. Machen Sie sich bitte keine Mühe.«

»Es macht mir gar keine Mühe. Es ist mir ein Vergnügen.« Dr. Gebennehmer schob freundlich seinen Arm unter den meinen. »Außerdem brauchen Sie gewisse fachliche Informationen. Kommen Sie.«

Er schleppte mich durch die Abteilungen 11, 12 und 13 und sprach dabei sehr anregend über die Hauptaufgabe der Presse, die seiner Meinung nach darin lag, dem Publikum besseres Verständnis für die Medizin im allgemeinen und für die Gebarung der Krankenhäuser im besonderen beizubringen. Ich folgte seinen Ausführungen mit zustimmendem Nicken und machte mir von Zeit zu Zeit Notizen, etwa des Wortlauts: »Eins bis drei und vier bis sechse, Großmama war eine Hexe« oder etwas Ähnliches, meistens Gereimtes.

Die vorbildliche Ordnung, die in sämtlichen Abteilungen herrschte, wurde nur durch die Unzahl der Besucher ein wenig gestört. Im Durchschnitt saßen zwei komplette Familien an jedem Bett.

»Dabei ist jetzt gar keine Besuchszeit«, erklärte Dr. Gebennehmer. »Ich weiß wirklich nicht, wie alle diese Leute hereingekommen sind.«

»Macht nichts, macht nichts«, beruhigte ich ihn.

Plötzlich klang aus einem der Betten die Stimme einer alten Dame an mein Ohr:

»Hallo, Feri! Hast du den Käs mitgebracht?«

Es war eine eher peinliche Situation. Dr. Gebennehmer sah mich mit einem unangenehm fragenden Gesichtsausdruck an.

»Schalom, Tante Ilka!« rief ich aus. »Was für ein phantastischer Zufall!«

»Zufall? Hat die Nurse nicht angerufen? Wo ist der Käs?«

Ich übergab ihr rasch das Paket und versuchte Dr. Gebennehmer davon zu überzeugen, daß ich immer ein Paket mit Käsebroten bei mir trüge, aber er zuckte nur wortlos die Schultern und ging.

Tante Ilka verzehrte den Inhalt des Pakets in bemerkenswert kurzer Zeit und bestellte für den nächsten Tag eine Ladung Pfefferminzbonbons. Auch Bernhard und Mitzi sollte ich mitbringen. Und natürlich meine Frau. Als ich zaghaft einwarf, daß morgen keine Besuchsstunden wären, deutete Tante Ilka mit einer vielsagenden Geste auf das Gewimmel im Raum und schickte mich nach Hause.

Wir gingen sofort an die Arbeit. Mitzi nähte auf ihrer Maschine kleine weiße Schwesternhauben, dann holte sie von ihrem Friseur drei weiße Kittel, und dann verfertigten wir mit Hilfe zweier Besenstiele eine Tragbahre. Das war alles, was wir brauchten.

Am nächsten Tag brachte uns ein Taxi in die Nähe des Spitals, wo wir unsere Verkleidung anlegten. Meine Frau wurde auf Patrouille geschickt und meldete, daß der tobsüchtige Maniake von gestern, den ich ihr genau beschrieben hatte, jetzt wieder das Tor bewachte. Ich nahm auf der Tragbahre Platz und wurde mit einem weißen Leintuch zugedeckt. Bernhard und Mitzi trugen mich, meine Frau hielt mir die Hand und befeuchtete von Zeit zu Zeit meine fiebrig vertrockneten Lippen. Die Invasion glückte. Der maniakische Bulle fiel auf unseren primitiven Trick herein und ließ uns glatt passieren. Aus Sicherheitsgründen machten wir einen Umweg durch mehrere andere Abteilungen. Gerade als Abteilung 14 in Sicht kam, riß jemand mit derber Hand mein Leintuch zurück.

»Sie?!« brüllte Dr. Gebennehmer. »Sind Sie wahnsinnig?«

»Jetzt ist nicht der Augenblick zum Scherzen«, sagte ich gepreßt. »Ich sterbe.«

»Was ist geschehen?«

»Eine Schlange hat mich gebissen.«

Dr. Gebennehmer erbleichte und zog mich persönlich in sein Ordinationszimmer. Gerade daß ich die Pfefferminzbonbons noch an Bernhard weitergeben konnte. »Rasch«, flüsterte ich, »und küßt Tante Ilka von mir ...«

Die andern machten sich aus dem Staub und ließen mich in Dr. Gebennehmers Klauen. Dr. Gebennehmer hantierte bereits an seinen Spritzen und Phiolen herum und kündigte an, daß er mich jetzt mit Curare vollpumpen werde, dem einzigen zuverlässigen Antitoxin gegen Schlangengift.

Mir wurde ein wenig unbehaglich zumute. Mehr als das: ich begann mich zu fragen, ob ich mich hier wirklich malträtieren und vielleicht vergiften lassen müsse, nur weil Tante Ilka vor ihrer Operation unbedingt Pfefferminzbonbons lutschen wollte? Ich entschied diese Frage mit Nein, war mit einem Satz aus dem Zimmer draußen, rannte in den Hof und sprang auf einen der Trolleywagen, die den Verkehr zwischen den einzelnen Abteilungen besorgten.

»Los!« zischte ich dem Fahrer zu. »Egal wohin! Fahren Sie!«

In einer entfernt gelegenen Abteilung mischte ich mich unter die Besucher und entkam.

Am Abend stieß ich wieder zu meiner Familie. Tante Ilka, so hörte ich, wäre in bester Verfassung und nur etwas beleidigt, weil ich sie nicht besucht hatte. Sie wünschte sich viele Schweizer Illustrierten. Mitzi schlug vor, einen Schacht unter den Stacheldraht zu graben; aber das hätte mindestens drei Tage in Anspruch genommen, und so lange konnten wir Tante Ilka unmöglich ohne Besuch und ohne Illustrierte lassen. Andererseits konnten wir jetzt keine Kollektivbesuche mehr riskieren, sondern mußten uns mit Einzelaktionen begnügen. Also warf ich mich am nächsten Tag wieder in den Friseurmantel, der am Rücken zugeknöpft wurde, und vollendete meinen Habitus mit einer dicken Brille und einer Zuckerbäckermütze.

Am Spitaltor stand wieder der bullige Maniake. Rasch band ich mir ein Taschentuch vors Gesicht, ging in teutonischem Stechschritt an ihm vorbei* und ließ ein scharfes »Jawoll« hören, worauf er die Hacken zusammenschlug. Ich stelzte inspizierend durch die Ab-

* Fast alle unsere Ärzte sind deutsche Juden. Wenn man auf der Straße jemanden Deutsch sprechen hört, ist die Anrede »Herr Doktor« fast immer am Platz.

teilungen 11 und 12 und näherte mich der Abteilung 13, als ich mich am Arm gepackt fühlte.

»Gott sei Dank, daß Sie hier sind, Herr Professor! Kommen Sie schnell! Eine dringende Operation ...«

»Bedaure, Dr. Gebennehmer«, murmelte ich hinter meiner Maske hervor, »ich bin außer Dienst.«

»Aber es ist ein dringender Fall, Herr Professor!« Dr. Gebennehmer zerrte mich in den Operationssaal, und ehe ich wußte, wie mir geschah, hatte ich mir die Hände gewaschen und stand unter den Scheinwerfern. Da wurde auch schon das Bett mit dem Patienten hereingerollt.

»Hast du die Schweizer Illustrierten mitgebracht?« fragte Tante Ilka.

»Sie halluziniert bereits«, sagte Dr. Gebennehmer und versetzte Tante Ilka eilig in den Zustand der Bewußtlosigkeit.

Auch ich fühlte mich einer Ohnmacht nahe. Schließlich hatte ich noch nie einen Meniskus operiert, schon gar nicht an meiner eigenen Tante.

Als die Operationsschwester mich fragte, ob ich ein kleines oder großes Skalpell wünsche, wandte ich mich in plötzlichem Entschluß zu Dr. Gebennehmer.

»Bitte übernehmen Sie.«

Dr. Gebennehmer errötete vor Stolz und Freude. Es war das erstemal, daß ein Professor ihm freie Hand für eine Operation ließ, und er begann sofort, Tante Ilkas Knie aufzuschneiden. Das Gefühl, das dabei in mir hochstieg, glich jenem, mit dem ich gelegentlich in unserer Küche das Tranchieren von Hühnerschenkeln beobachte, obwohl ich sie dann ganz gern esse, am liebsten mit Gurkensalat.

»Entschuldigen Sie«, sagte ich mühsam und verließ ein wenig taumelnd den Operationssaal. Draußen nahm ich sofort die Maske ab, um Atem zu holen. In diesem Augenblick kam der maniakische Portier vorbei, klopfte mir freundlich auf die Schulter und sagte:

»Sehen Sie – heute können Sie Ihre kranke Tante besuchen!«

Ich hatte vollkommen übersehen, daß es Donnerstag war und kurz nach 2 Uhr. Eigentlich hätte mir das auffallen müssen. Es war nämlich kein einziger Besucher im ganzen Spital.

Primo Levi

EIN PAAR VERWENDUNGSMÖGLICHKEITEN DES MIMETIKERS

Der letzte Mensch auf Erden, dem ein dreidimensionaler Vervielfältiger hätte in die Hände geraten dürfen, war Gilberto; und ausgerechnet ihm geriet der Mimetiker sofort in die Hände, einen Monat, nachdem er auf den Markt gekommen war, und drei Monate, bevor der bekannte Erlaß seine Konstruktion und Verwendung untersagte; das heißt also, rechtzeitig genug für Gilberto, um sich in Schwierigkeiten zu bringen. Er geriet ihm in die Hände, ohne daß ich es hätte verhindern können: ich verbüßte im Gefängnis San Vittore die Strafe für meine Pionierarbeit und hatte nicht die leiseste Ahnung, wer sie unterdessen fortsetzte und auf welche Weise.

Gilberto ist ein Kind unseres Jahrhunderts. Er ist vierunddreißig Jahre alt, ein tüchtiger Angestellter und mein Freund seit eh und je. Er trinkt nicht, raucht nicht und kennt nur eine Leidenschaft: die leblose Materie zu malträtieren. Er nennt eine Abstellkammer sein eigen, die er als Werkstatt bezeichnet, und hier feilt er, sägt und schweißt und klebt und schmirgelt. Er repariert Uhren, Kühlschränke, elektrische Rasierapparate, er bastelt Vorrichtungen, mit denen man morgens die Zentralheizung in Betrieb setzen kann, fotoelektrisch betriebene Türschlösser, Flugzeugmodelle, akustische Sonden, um sich im Meer damit zu amüsieren. Was schließlich Autos betrifft, so hält bei ihm keines länger als ein paar Monate: pausenlos nimmt er sie auseinander und baut sie wieder zusammen, schmiert sie, ändert irgend etwas ab, montiert unnötige Extras, dann hat er plötzlich genug davon und verkauft sie wieder. Emma, seine Frau (ein bezauberndes Geschöpf), erträgt seine Marotten mit bewundernswerter Geduld.

Ich war gerade aus dem Gefängnis heimgekehrt, als das Telefon klingelte. Gilberto war am Apparat, er war wieder einmal begeistert: seit zwanzig Tagen besaß er einen Mimetiker, und zwanzig Tage und Nächte hatte er bereits damit zugebracht. Atemlos erzählte er mir von den märchenhaften Experimenten, die er angestellt hatte, und von denen, die er noch auszuführen beabsichtigte; er hatte sich die *Théorie générale de l'Imitation* von Peltier besorgt, desgleichen *The Mimes and other Duplicating Devices* von Zechmeister und Eisenlohr; er hatte sich für einen Kurzlehrgang über Kybernetik und

Elektronik eingeschrieben. Seine Experimente wiesen eine bedauerliche Ähnlichkeit mit den meinen auf, die mich reichlich teuer zu stehen gekommen waren; ich versuchte, ihm das klarzumachen, aber es war zwecklos: es ist schwer, einem Gesprächspartner am Telefon ins Wort zu fallen, Gilberto ganz besonders. Schließlich unterbrach ich kurzerhand die Verbindung, legte den Hörer neben den Apparat und kümmerte mich um meine eigenen Angelegenheiten.

Zwei Tage danach klingelte wieder das Telefon: Gilbertos Stimme klang erregt, doch hatte sie dabei einen Unterton unverkennbaren Stolzes. »Ich muß dich unbedingt auf der Stelle sehen.«

»Warum? Was ist passiert?«

»Ich habe meine Frau dupliziert«, antwortete er.

Zwei Stunden später war er da und berichtete mir von seinem törichten Unterfangen. Nach Eintreffen des Mimetikers hatte er sich mit den üblichen Anfängerspielchen vergnügt (mit dem Ei, dem Päckchen Zigaretten, dem Buch und so fort), dann war ihm das langweilig geworden, er hatte den Mimetiker in die Werkstatt geschafft und bis zur letzten Verschraubung auseinandergenommen. Die ganze Nacht hatte er nachgegrübelt, seine Abhandlungen konsultiert und war zu dem Entschluß gelangt, das Ein-Liter-Modell in eines mit größerem Fassungsvermögen umzubauen, was ihm nicht unmöglich und nicht einmal sonderlich schwer zu sein schien. Gedacht, getan: er hatte sich, wer weiß unter welchem Vorwand, von der NATCA 200 Pfund Spezial-*pabulum* schicken lassen, hatte Blechplatten, Profileisen und Dichtungen besorgt, und nach sieben Tagen war er fertig. Er hatte eine Art eiserner Lunge konstruiert, den *Timer* frisiert, das heißt, etwa um das Vierzigfache beschleunigt, und die beiden Teile sowohl untereinander als auch mit dem *pabulum*-Tank verbunden. Jawohl, das ist Gilberto, ein gefährlicher Bursche, ein schadenstiftender kleiner Prometheus: erfinderisch und verantwortungslos, überheblich und töricht. Ein Kind unseres Jahrhunderts, ich sagte es bereits, ja nachgerade die Symbolfigur unseres Jahrhunderts. Ich war schon immer der Ansicht, daß er im Zweifelsfall nicht davor zurückschrecken würde, eine Atombombe zu konstruieren und sie über Mailand abzuwerfen, nur »um zu sehen, was das gibt«.

Soviel glaubte ich verstanden zu haben, daß Gilberto mit dem Plan, den Vervielfältiger zu vergrößern, zunächst noch keinerlei bestimmte Absicht verfolgt hatte, es sei denn die für ihn typische, sich einen größeren Vervielfältiger zu »bauen«, und zwar mit eigenen Händen und unter geringem Aufwand; denn er ist höchst geschickt darin, mit einer Art geistiger Taschenspielerei jedwedes »Soll« aus seiner privaten Buchführung verschwinden zu lassen. Der verabscheuungswürdige Gedanke, seine Frau zu duplizieren, war ihm, wie er mir gestand, erst später gekommen, als er sah, daß Emma in tiefem Schlaf lag. Anscheinend war es nicht sonderlich schwer gewesen: Gilberto, der ebensoviel Kraft wie Geduld besitzt, hatte Emma mitsamt der Matratze vom Bett bis in den Kasten des Vervielfältigers gezogen; er hatte über eine Stunde dazu gebraucht, aber Emma war nicht wach geworden.

Mir ist völlig schleierhaft, was Gilberto bewogen haben mag, sich eine zweite Frau zu schaffen und dadurch eine ganze Reihe göttlicher und menschlicher Gesetze zu übertreten. Er erzählte mir, als sei es das Natürlichste von der Welt, daß er in Emma verliebt sei, daß er sie nicht entbehren könne und daß er es aus diesem Grunde für vorteilhaft gehalten habe, zwei Emmas zu besitzen. Vielleicht hat er mir das alles im guten Glauben erzählt (Gilberto ist immer guten Glaubens), und zweifellos war und ist er in Emma verliebt, auf seine kindliche Weise und sozusagen von unten nach oben; doch bin ich überzeugt davon, daß er sie aus ganz anderen Gründen duplizieren wollte, aus falsch verstandener Abenteuerlust, aus einem krankhaften Herostratentrieb heraus: eben »um zu sehen, was das gibt«.

Ich fragte, ob ihm nicht in den Sinn gekommen sei,

sich mit Emma vorher zu besprechen, ihr Einverständnis einzuholen, ehe er in so ungewöhnlicher Weise über sie verfügte. Er wurde rot bis unter die Haarwurzeln; er hatte Ärgeres getan, Emmas tiefer Schlaf war künstlich herbeigeführt, er hatte ihr ein Schlafmittel verabreicht.

»Und wie gedenkst du's jetzt mit deinen beiden Frauen zu halten?«

»Ich weiß nicht, ich habe mich noch nicht entschieden. Vorerst schlafen beide noch. Morgen werden wir weitersehen.«

Doch am andern Tag sollten wir überhaupt nichts sehen, zumindest ich nicht. Nach dem Monat erzwungener Untätigkeit mußte ich eine längere Reise antreten, die mich zwei Wochen von Mailand fernhielt. Ich konnte mir vorstellen, was mich bei meiner Rückkehr erwartete: ich würde Gilberto aus der Patsche helfen müssen, genau wie damals, als er einen dampfgetriebenen Staubsauger konstruiert und der Gattin seines Bürochefs verehrt hatte.

Und wirklich, kaum zurückgekehrt, wurde ich kategorisch zu einem Familienrat beordert, der aus Gilberto, mir und den beiden Emmas bestand. Diese waren so vernünftig gewesen, sich zu kennzeichnen: die zweite, die Unrechtmäßige, hatte ein schlichtes weißes Band im Haar, was ihr ein entfernt nonnenhaftes Aussehen verlieh. Davon abgesehen trug sie mit größter Unbefangenheit die Kleidung von Emma I; natürlich, denn sie war ja in jeder Hinsicht mit der legitimen Namensträgerin identisch: Gesicht, Zähne, Haar, Stimme, Tonfall, eine kleine Narbe auf der Stirn, Dauerwelle, Gangart, Sonnenbräune aus den soeben verbrachten Ferien. Allerdings fiel mir auf, daß sie stark erkältet war.

Wider Erwarten schienen alle drei bester Laune zu sein. Gilberto trug einen törichten Stolz zur Schau, weniger auf sein Bravourstück als vielmehr darauf, daß die beiden Frauen sich so gut verstanden (was keineswegs sein Verdienst war). Die beiden erweckten meine ehrliche Bewunderung. Emma I war mütterlich um ihre neue »Schwester« besorgt, Emma II vergalt es ihr mit kindlicher Ehrerbietung, die Würde und Herzlichkeit vereinte. Gilbertos Experiment, obwohl in vielerlei Hinsicht verachtenswert, hatte immerhin eine wertvolle Bestätigung der Nachahmungstheorie erbracht: die neue Emma, entstanden im Alter von achtundzwanzig Jahren, hatte von ihrem Prototyp nicht nur die völlig gleiche sterbliche Hülle, sondern auch das gesamte Gedankengut geerbt. Emma II erzählte mir mit bewunderswürdiger Einfalt, sie habe sich bereits zwei oder drei Tage nach ihrer Geburt davon überzeugen können, die erste sozusagen synthetische Frau des Menschengeschlechts zu sein, oder vielleicht auch die zweite, wenn man den nur sehr entfernt analog gearteten Fall Eva in

Betracht zieht. Sie war schlafend zur Welt gekommen, denn der Mimetiker hatte auch das Schlafmittel dupliziert, das durch die Adern von Emma I strömte, und sie war aufgewacht in dem Bewußtsein, Emma Gatti geb. Perosa zu sein, einzige Ehefrau des Buchhalters Gilberto Gatti, geboren am 7. März 1936. Sie erinnerte sich gut an alles, woran Emma I sich gut erinnerte, und schlecht an das, was Emma I nur unvollkommen im Gedächtnis behalten hatte. Sie erinnerte sich genau an die Hochzeitsreise, an die Namen ihrer Mitschüler, an die kindischen, intimen Einzelheiten einer religiösen Krise, die Emma I mit dreizehn Jahren durchgemacht und nie einer lebenden Seele anvertraut hatte. Doch sie erinnerte sich auch ausgezeichnet an das Eintreffen des Mimetikers, an Gilbertos Begeisterung, an seine Beschreibungen und an seine Experimente, und deshalb war sie auch nicht übermäßig erstaunt, als man sie über den willkürlichen Schöpfungsakt informiert hatte, dem sie ihre Existenz verdankte.

Ihre Erkältung brachte mich jedoch auf den Gedanken, daß die anfangs absolute Identität nicht von Dauer sein könnte: selbst wenn Gilberto sich als unparteiischster aller Bigamisten erweisen, wenn er einen strengen Turnus einführen und sich jeglicher Bevorzugung der einen oder der anderen Frau enthalten würde (was eine absurde Hypothese war, denn Gilberto ist ein

Wirrkopf und Konfusionsrat), selbst dann würde sich irgendwann einmal doch eine Divergenz einstellen. Man brauchte nur zu bedenken, daß die beiden Emmas materiell nicht dasselbe Quantum Raum beanspruchen konnten: es war ihnen nicht möglich, gleichzeitig durch eine enge Tür zu gehen, gleichzeitig vor einen Schalter zu treten oder bei Tisch denselben Platz einzunehmen; sie waren demnach wechselnden Einflüssen (siehe die Erkältung) und unterschiedlichen Erlebnissen ausgesetzt. Sie würden sich unausbleiblich voneinander differenzieren, zunächst geistig, dann auch körperlich, und wenn sie erst einmal differenziert waren, würde Gilberto es dann noch fertigbringen, beiden gegenüber die nämliche Einstellung zu bewahren? Gewiß nicht, und selbst bei einer noch so kleinen Bevorzugung müßte das Gleichgewicht zwischen den dreien unweigerlich gestört werden.

Ich legte Gilberto diese Überlegungen dar und versuchte, ihm begreiflich zu machen, daß es sich nicht um eine billige pessimistische Hypothese handelte, sondern um eine Voraussage, die auf gesundem Menschenverstand gegründet war, fast schon um ein Theorem. Obendrein gab ich ihm zu bedenken, daß seine Lage, juristisch betrachtet, zumindest dubios war und daß ich wegen eines viel geringeren Vergehens im Gefängnis gesessen hatte. Er war mit Emma Gatti geb. Perosa verheiratet, auch Emma II war Emma Gatti geb. Perosa, was indes den Umstand nicht aus der Welt schaffte, daß es zwei Emma Gatti geb. Perosa gab.

Aber Gilberto zeigte sich unzugänglich; er war von einer törichten Euphorie besessen, er befand sich in der Gemütsverfassung eines Jungvermählten, und während ich redete, hatte er offensichtlich etwas ganz anderes im Kopf. Statt mich anzusehen, war er in die Betrachtung der beiden Frauen versunken, die sich just in diesem Augenblick aus Spaß darüber stritten, wer von ihnen in dem Sessel Platz nehmen sollte, den sie alle beide besonders gern hatten. Statt auf meine Argumente einzugehen, verkündete er mir, er haben einen glorreichen Einfall: sie würden sich zu dritt auf eine Reise nach Spanien begeben. »Ich habe mir alles überlegt. Emma I wird angeben, ihr Paß sei verlorengegangen, sie wird sich ein Duplikat ausstellen lassen und damit die Grenze passieren. Aber nein, ich Idiot! Das Duplikat werde ich selber machen, mit dem Mimetiker, heute abend noch!« Er war sehr stolz auf diesen Einfall, und ich vermute, daß er gerade deshalb auf Spanien verfallen war, weil die Kontrolle an der spanischen Grenze besonders streng gehandhabt wird.

Als sie zwei Monate später zurückkehrten, stand die Krise unmittelbar vor dem Ausbruch; das hätte jeder merken können. Zwar wahrten die drei in ihren Beziehungen Anstand und förmliche Höflichkeit, doch war die Spannung deutlich zu spüren. Gilberto lud mich nicht zu sich nach Hause ein, er kam zu mir, und alle Euphorie war ihm vergangen.

Er erzählte, was geschehen war. Er erzählte recht ungeschickt, denn Gilberto, der unleugbar die Fähigkeit besitzt, das Schema eines Differentials auf einer Zigarettenschachtel zu skizzieren, ist absolut unfähig, seinen Gefühlen Ausdruck zu verleihen.

Die Reise nach Spanien war vergnüglich und mühselig zugleich gewesen. In Sevilla war es nach einem allzu ausgefüllten Tag in gereizter und übermüdeter Stimmung zwischen den beiden Frauen zu einer Meinungsverschiedenheit gekommen, und zwar über den einzigen Punkt, über den sie geteilter Meinung sein konnten und es in der Tat auch waren. War Gilbertos Unterfangen zweckmäßig oder unzweckmäßig, statthaft oder unstatthaft gewesen? Emma II hatte positiv geantwortet, Emma I hatte geschwiegen. Und dieses Schweigen hatte genügt, um das Gleichgewicht zu zerstören, denn von diesem Augenblick an war Gilbertos Wahl getroffen. Er empfand Emma I gegenüber eine immer größere Verlegenheit und ein Schuldgefühl, das sich von Tag zu Tag steigerte; zugleich wuchs seine Zuneigung zu seiner neuen Frau und verzehrte dementsprechend die Liebe zu seiner legitimen Gattin. Zum Bruch war es noch nicht gekommen, Gilberto spürte indes, daß er nicht mehr lange ausbleiben konnte.

Auch das Wesen und der Charakter der beiden Frauen begannen sich zu differenzieren. Emma II wurde immer jugendlicher, aufmerksamer, reaktionsfreudiger, offenherziger, Emma I verschloß sich immer mehr in einer negativen Haltung, in beleidigtem Verzicht, in Ablehnung. Was tun? Ich gab Gilberto den Rat, sich nicht zu unüberlegten Handlungen hinreißen zu lassen, und versprach ihm, wie es in solchen Fällen der Brauch ist, mir sein Problem durch den Kopf gehen zu lassen; im Innern war ich jedoch fest entschlossen, mich aus dieser traurig verworrenen Angelegenheit herauszuhalten, auch konnte ich ein Gefühl boshafter und bekümmerter Genugtuung nicht unterdrücken, daß meine so leicht zu treffende Voraussage sich nun verwirklicht hatte.

Nie hätte ich erwartet, daß einen Monat später ein strahlender Gilberto in mein Büro hereinplatzen würde. Er war in bester Form, redselig und laut und hatte sichtlich zugenommen. Mit der für ihn charakteristischen Egozentrik kam er ohne Umschweife auf die Hauptsache zu sprechen: was für Gilberto gut ist, muß auch für alle Welt gut sein; seiner Konstitution gemäß ist er unfähig, sich um seinen Nächsten zu kümmern, aber er ist erstaunt und beleidigt, wenn sein Nächster sich nicht um ihn kümmert.

»Gilberto ist eine Kanone«, sagte er. »Im Handumdrehen hat er alles in Ordnung gebracht.«

»Das freut mich, und ich gratuliere dir zu deiner Bescheidenheit, im übrigen wurde es ja Zeit, daß du Vernunft annahmst.«

»Nein, siehst du, du hast mich nicht richtig verstanden. Ich spreche nicht von mir, ich spreche von Gilberto I. Er ist die Kanone. Ich sehe ihm zwar recht ähnlich, in aller Bescheidenheit sei es gesagt, aber bei dieser Sache ist mein Verdienst nur gering: ich existiere erst seit letztem Sonntag. Jetzt ist alles in bester Ordnung, ich muß nur noch vor dem Standesamt die Position von Emma II und mir regeln; es ist nicht ausgeschlossen, daß wir einen kleinen Trick anwenden müssen, daß beispielsweise Emma II und ich heiraten, obwohl wir uns später den Partner aussuchen werden, der uns zusagt. Und schließlich muß ich mich auch nach einer Arbeit umsehen; aber ich zweifle nicht daran, daß die NATCA mich bereitwillig als Werbefachmann für den Mimetiker und andere Büromaschinen einstellen wird.«

W. Somerset Maugham

DER LUNCH

Ich entdeckte sie während der Vorstellung, und da sie mir zuwinkte, ging ich in der Pause hinüber und setzte mich neben sie. Es war lange her, daß ich sie zuletzt gesehen hatte, und hätte nicht jemand ihren Namen erwähnt, so glaube ich kaum, daß ich sie erkannt hätte. Lebhaft sprach ich sie an.

»Ja – das ist viele Jahre her, daß wir uns kennengelernt haben. Wie doch die Zeit vergeht! Jünger werden wir alle nicht. Wissen Sie noch, als ich Sie zum erstenmal sah? Sie haben mich zum Lunch eingeladen.«

Und ob ich das noch wußte!

Es war vor zwanzig Jahren, und ich lebte in Paris. Ich hatte im Quartier Latin ein winziges Appartment, von wo man auf einen Friedhof hinaussah, und ich verdiente kaum genug Geld, um Leib und Seele beieinander zu halten. Sie hatte ein Buch von mir gelesen, und mir darüber geschrieben. Ich antwortete und dankte ihr, und sogleich bekam ich einen weiteren Brief von ihr, der ankündigte, daß sie in Paris auf der Durchreise sei und sich gern mit mir unterhalten möchte; sie habe aber wenig Zeit, und nur am kommenden Donnerstag sei sie ein Weilchen frei; den Vormittag über sei sie im Luxembourg, und ob ich ihr anschließend einen kleinen Imbiß bei Foyot spendieren wolle? Foyot ist ein Restaurant, wo die französischen Senatoren speisen, und ich konnte es mir so wenig leisten, daß es mir noch nicht einmal im Traum eingefallen war, dorthin zu gehen. Aber ich fühlte mich geschmeichelt, und ich war zu jung, um schon gelernt zu haben, daß man einer Frau etwas abschlagen kann. (Wenige Männer, darf ich hinzufügen, lernen das, ehe sie zu alt sind, um einer Frau mit dem, was sie sagen, Eindruck machen zu können). Ich hatte achtzig Franken (Goldfranken), die mir bis zum Ende des Monats reichen mußten, und ein bescheidener Lunch konnte nicht mehr als fünfzehn kosten. Wenn ich die nächsten beiden Wochen auf den Kaffee verzichtete, würde ich ganz gut auskommen.

Ich antwortete, daß ich meine Brieffreundin am Donnerstag um halb eins bei Foyot erwarten werde. Sie war nicht so jung, wie ich gedacht hatte, und eher eine imposante als eine anziehende Erscheinung. Sie war nämlich eine Frau von vierzig Jahren (ein bezauberndes Alter, das jedoch kaum eine plötzliche, verheerende Liebe auf den ersten Blick erweckt), und ich hatte den Eindruck, daß sie mehr Zähne – weiße, große, regelmäßige Zähne – besaß, als für irgendeinen praktischen Zweck nötig waren. Sie war gesprächig, aber da sie über mich zu sprechen geneigt schien, war ich willens, ein aufmerksamer Zuhörer zu sein.

Ich erschrak, als die Speisekarte gebracht wurde, denn die Preise waren bei weitem höher, als ich angenommen hatte. Aber sie beruhigte mich.

»Ich esse mittags nie etwas«, sagte sie.

»O sagen Sie doch das nicht!« antwortete ich großzügig.

»Ich esse nie mehr als nur ein Gericht. Ich finde, die Leute essen heutzutage viel zuviel. Ein bißchen Fisch vielleicht. Ob sie wohl Lachs haben?«

Nun war es früh im Jahr für Lachs, und auf der Speisekarte stand er nicht, aber ich fragte den Kellner, ob sie welchen hätten. Ja, ein wunderbarer Lachs sei gerade eingetroffen, der erste, den sie hereinbekommen hätten. Ich bestellte ihn für meinen Gast. Der Kellner fragte sie, ob sie etwas nehmen wolle, während der Lachs zubereitet wurde.

»Nein«, antwortete sie, »ich esse nie mehr als ein Gericht. Wenn Sie nicht ein wenig Kaviar haben. Gegen Kaviar habe ich nie etwas.«

Mir wurde etwas ängstlich. Ich wußte, daß ich mir Kaviar nicht leisten konnte, aber ich konnte es ihr nicht gut sagen. Ich trug dem Kellner auf, selbstverständlich Kaviar zu bringen. Für mich selbst wählte ich das billigste Gericht auf dem Menü, und das war ein Hammelkotelett.

»Ich finde es unklug von Ihnen, Fleisch zu essen«, sagte sie. »Wie wollen Sie denn arbeiten, nachdem Sie so schwere Sachen wie Koteletts gegessen haben? Ich halte nichts davon, mir den Magen zu überladen.«

Dann kam die Getränkefrage.

»Ich trinke zu Mittag nie etwas«, sagte sie.

»Ich auch nicht«, antwortete ich prompt.

»Außer Weißwein«, fuhr sie fort, als ob ich nichts gesagt hätte. »Diese französischen Weißweine sind so leicht. Sie sind vorzüglich für die Verdauung.«

»Was möchten Sie?« fragte ich, immer noch gastfreundlich, aber nicht in übertriebenem Maße.

Mit ihren weißen Zähnen blitzte sie mich fröhlich und freundschaftlich an.

»Mein Arzt erlaubt mir nichts als Sekt.«

Ich glaube, ich wurde etwas blaß. Ich bestellte eine halbe Flasche. Beiläufig bemerkte ich, daß mein Arzt mir Sekt strikt verboten habe.

»Was werden Sie denn trinken?«

»Wasser.«

Sie aß den Kaviar, und sie aß den Lachs. Sie plauderte vergnügt über Kunst und Literatur und Musik. Aber ich überlegte, wie hoch die Rechnung sein würde. Als mein Hammelrippchen kam, machte sie mir recht ernstliche Vorhaltungen.

»Ich sehe, Sie sind gewöhnt, einen schweren Lunch zu essen. Ich bin überzeugt, daß das verkehrt ist. Warum folgen Sie nicht meinem Beispiel und essen nur ein Gericht? Sie würden sich sicherlich dabei viel wohler fühlen?«

»Aber ich esse nicht mehr als ein Gericht«, sagte ich, als der Kellner wieder mit der Karte kam.

Sie winkte ihm mit leichter Geste ab.

»Nein, nein, ich esse nie was zum Lunch. Nur einen Happen, mehr will ich nie, und den esse ich mehr zur Gesellschaft als aus sonst einem Grunde. Ich könnte unmöglich noch etwas essen – es sei denn, sie hätten ein paar von diesen Riesenspargeln. Es täte mir leid, Paris zu verlassen, ohne ein paar davon verspeist zu haben.«

Mir fiel das Herz in die Schuhe. Ich hatte sie in den Läden gesehen und wußte, daß sie furchtbar teuer waren. Oft war mir bei ihrem Anblick das Wasser im Munde zusammengelaufen.

»Madame möchte wissen, ob Sie diese Riesenspargel haben«, fragte ich den Kellner.

Mit ganzer Willenskraft versuchte ich, ihm zu suggerieren, daß er nein sagte. Ein glückliches Lächeln zerfloß auf seinem breiten, priesterlichen Gesicht, und er versicherte mir, sie hätten welche, so riesengroß, so herrlich, so zart, daß es ein wahres Wunder sei.

»Ich bin überhaupt nicht hungrig«, seufzte mein Gast, »aber wenn Sie darauf bestehen, dann meinetwegen ein paar Spargel.«

Ich bestellte sie.

»Essen Sie keine?«

»Nein, ich esse nie Spargel.«

»Ich weiß, es gibt Leute, die sie nicht mögen. Es liegt daran, daß Sie sich den Gaumen ruinieren mit all dem Fleisch, das Sie essen.«

Wir warteten, während die Spargel zubereitet wurden. Panik ergriff mich. Jetzt war es nicht mehr die Frage, wieviel Geld mir für den Rest des Monats übrig blieb, sondern ob ich genug hatte, um die Rechnung zu bezahlen. Es würde eine fürchterliche Blamage sein, wenn sich herausstellte, daß ich zehn Franken zu wenig hatte und meinen Gast anpumpen mußte. Das konnte ich nicht über mich bringen. Ich wußte genau, wieviel ich hatte, und wenn die Rechnung höher war, so war ich entschlossen, die Hand in die Tasche zu stecken, mit einem dramatischen Aufschrei hochzufahren und zu behaupten, ein Taschendieb habe mein Geld gestohlen.

Natürlich wäre es dumm, wenn auch sie nicht genug hätte, die Rechnung zu bezahlen. Dann gäbe es nur die eine Möglichkeit, meine Uhr dazulassen und zu sagen, daß ich später wiederkommen und zahlen werde.

Die Spargel kamen. Sie waren riesig, saftig und verlockend. Der Duft der geschmolzenen Butter kitzelte meine Nasenlöcher, wie ein Brandopfer der frommen Semiten die Nasenlöcher Jehovas kitzelte. Ich sah zu, wie das gottverlassene Weib sie in großen, üppigen Bissen die Kehle hinunterschlang, und auf meine höfliche Art plauderte ich über die Entwicklungsstufe des Dramas bei den Balkanvölkern. Endlich war sie fertig.

»Kaffee?« fragte ich.

»Ja, nur ein Eis und Kaffee«, antwortete sie.

Jetzt war mir schon alles egal, also bestellte ich Kaffee für mich und ein Eis und Kaffee für sie.

»Wissen Sie, an eine Regel halte ich mich eisern«, sagte sie, während sie das Eis aß. »Man sollte immer von einer Mahlzeit aufstehen, wenn man spürt, daß man noch ein bißchen mehr essen könnte.«

»Sind Sie noch hungrig?« fragte ich schwach.

»O nein, ich bin nicht hungrig; sehen Sie, ich esse nie zu Mittag. Morgens eine Tasse Kaffee und dann abends Dinner, aber zum Lunch esse ich nie mehr als ein Gericht. Ich sprach von Ihnen.«

»Ah, ich verstehe!«

Dann passierte etwas Schreckliches. Während wir auf den Kaffee warteten, kam der Oberkellner mit einem einladenden Lächeln auf seinem scheinheiligen Gesicht zu uns heran und trug einen großen Korb voll ungeheurer Pfirsiche. Sie waren so rosig wie ein unschuldiges Mädchen; sie hatten den warmen Farbton einer italienischen Landschaft. Aber sicherlich war es für Pfirsiche noch nicht die Jahreszeit? Der Himmel wußte, was sie kosteten.

Ich wußte es auch – nur etwas später, denn mein Gast nahm unterm Reden zerstreut einen.

»Sehen Sie, Sie haben sich den Magen mit einem Haufen Fleisch überladen«, – mein eines, elendes, kleines Kotelett! – »und können nichts mehr essen. Aber ich habe nur eine Kleinigkeit gegessen und lasse mir einen Pfirsich schmecken.«

Die Rechnung kam, und als ich bezahlte, stellte ich fest, daß ich nur für ein ganz unzureichendes Trinkgeld noch genug hatte. Sie warf einen Blick auf die drei Franken, die ich für den Kellner hingelegt hatte, und ich wußte, daß sie mich für geizig hielt. Aber als ich das Restaurant verließ, hatte ich den ganzen Monat vor mir und nicht einen Centime in der Tasche.

»Folgen Sie meinem Beispiel«, sagte sie, als wir uns die Hand gaben, »und essen Sie nie mehr als nur ein Gericht zum Lunch.«

»Ich werde es übertreffen«, gab ich zurück. »Ich werde heute abend nicht dinieren.«

»Humorist!« rief sie fröhlich und hopste in ein Taxi. »Sie sind ein echter Humorist!«

Aber endlich wurde mir meine Rache. Ich glaube nicht, daß ich ein rachsüchtiger Mensch bin, aber wenn die unsterblichen Götter selbst sich dreinmischen, so ist es verzeihlich, wenn man sich mit Behagen das Resultat ansieht. Heute wiegt sie zweihundertvierundneunzig Pfund.

James Thurber

DAS GEHEIMNIS UM DEN MACBETH-MORD

»Es war ein dummes Versehen von mir«, sagte die amerikanische Dame, die ich in meinem Hotel im englischen Seengebiet kennengelernt hatte, »aber das Buch lag auf dem Ladentisch neben den anderen Penguin-Büchern– das sind diese kleinen für Sixpence, wissen Sie, mit den Papierumschlägen –, und ich dachte natürlich, es sei ein Kriminalroman. Ich kaufte diesen Band, ohne ihn näher anzuschauen. Sie können sich meine Wut vorstellen, als ich entdeckte, daß es Shakespeare war.«

Ich murmelte etwas Teilnahmsvolles.

»Ich begreife nicht, weshalb die Penguin-Leute die Stücke von Shakespeare in der gleichen Größe und Ausstattung wie die Kriminalromane herausgebracht haben«, fuhr die Dame fort.

»Wenn ich nicht irre, haben die Shakespeare-Bände eine andere Umschlagfarbe«, warf ich ein.

»So? Das habe ich gar nicht bemerkt. Jedenfalls, wie ich abends so recht gemütlich im Bett liege und mich schon auf einen guten Kriminalroman freue – was habe ich da in der Hand? DIE TRAGÖDIE VON MACBETH – ein Buch für Gymnasiasten. Wie IVANHOE.«

»Oder DER LEDERSTRUMPF«, sagte ich.

Die amerikanische Dame nickte. »Genau. Und dabei gierte ich geradezu nach etwas wirklich Spannendem – Agatha Christie oder so. Hercule Poirot ist mein Lieblingsdetektiv.«

»Ist das der mit dem Kaninchengesicht?« fragte ich.

»O nein«, rief die Expertin. »Hercule Poirot ist der Belgier. Sie denken an Mr. Pinkerton, der mit Inspektor Bull zusammenarbeitet. Der ist auch gut.«

Bei der zweiten Tasse Tee setzte die Dame zur Inhaltsangabe eines Kriminalromans an, der sie auf völlig falsche Spuren geführt hatte – anscheinend war es der ganz unverdächtige Hausarzt gewesen.

Ich schnitt ihr das Wort ab. »Was ich noch fragen wollte – haben Sie MACBETH gelesen?«

»Ich mußte ja«, antwortete sie. »Außer MACBETH hatte ich doch kein Fetzchen Gedrucktes im Zimmer.«

»Hat es Ihnen gefallen?« erkundigte ich mich.

»Nein, gar nicht«, sagte sie mit Entschiedenheit. »Wissen Sie, ich glaube einfach nicht, daß Macbeth es getan hat.«

Ich starrte sie verdutzt an. »Getan? Was denn?«

»Ich glaube einfach nicht, daß er den König ermordet hat«, erklärte sie. »Ich glaube auch nicht, daß seine Frau in den Fall verwickelt war. Natürlich hat man die beiden von Anfang an im Verdacht, aber gerade diejenigen, die sich besonders verdächtig machen, sind nie die Schuldigen – oder sollten es jedenfalls nicht sein.«

»Ich fürchte«, begann ich, »ich kann da ...«

»Aber begreifen Sie denn nicht?« unterbrach mich meine Gesprächspartnerin. »Es würde alles verderben, wenn von vornherein klar wäre, wer es getan hat. Dazu war Shakespeare auch viel zu gerissen. Aus dem Hamlet sind ja, wie ich gelesen habe, die Leute bis zum heutigen Tage noch nicht schlau geworden, und da ist es doch sehr unwahrscheinlich, daß Shakespeare bei Macbeth die Sache so einfach gemacht haben sollte, wie sie auf den ersten Blick aussieht.«

Ich ließ mir das durch den Kopf gehen, während ich meine Pfeife stopfte. »Wen haben Sie im Verdacht?« fragte ich dann.

»Macduff«, antwortete sie wie aus der Pistole geschossen.

»Guter Gott!« flüsterte ich tonlos.

»Selbstverständlich hat Macduff es getan«, beteuerte die Mordspezialistin. »Hercule Poirot hätte ihn mit Leichtigkeit gefaßt.«

»Wie haben Sie das nur herausbekommen?« forschte ich.

»Nun«, sagte sie, »nicht gleich auf Anhieb. Zuerst hatte ich Banquo im Verdacht. Aber der war ja dann der zweite, der ermordet wurde. Das hat Shakespeare übrigens sehr geschickt arrangiert. Die Person, die im Verdacht steht, den ersten Mord begangen zu haben, sollte immer das zweite Opfer sein.«

»Tatsächlich?« murmelte ich.

»Das ist doch klar«, meinte die Expertin. »Der Leser muß ständig in Spannung gehalten werden. Ja, also nach dem zweiten Mord wußte ich eine Zeitlang nicht, wer der Mörder war.«

»Wie wär's mit Malcolm und Donalbain, den Söhnen des Königs?« fragte ich. »Soweit ich mich erinnere, flohen sie unmittelbar nach dem ersten Mord. Das sieht verdächtig aus.«

»Zu verdächtig«, belehrte mich die Dame. »Viel zu verdächtig. Leute, die fliehen, sind nie schuldig. Darauf kann man sich verlassen.«

»Mir ist auf einmal nach einem Cognac zumute«, sagte ich und winkte dem Kellner.

Die Amerikanerin beugte sich zu mir. Ihre Augen glänzten, die Teetasse in ihrer Hand zitterte.

»Wissen Sie noch, wer Duncans Leiche entdeckt hat?«

Ich mußte zu meinem Bedauern gestehen, daß ich es vergessen hatte.

»Macduff entdeckt sie«, sagte sie, ins historische Präsens verfallend. »Dann kommt er die Treppe heruntergerannt und schreit: ›Jetzt hat die Höll ihr Meisterstück gemacht! Der kirchenräuberische Mord brach auf des Herrn geweihten Tempel ...‹ und immer so weiter in der Art.« Die gute Dame klopfte mir auf das Knie. »Dieses ganze Zeug war vorher eingelernt«, erklärte sie. »Oder würden Sie etwa aus dem Stegreif so geschwollen daherreden, wenn Sie eine Leiche gefunden hätten?« Ihre Augen blitzten mich an. – »Ich ...« begann ich.

»Sie haben ganz recht!« rief sie triumphierend. »Sie würden nicht so reden. Es sei denn, Sie hätten sich's vorher eingeübt. ›Mein Gott, da oben liegt ein Toter!‹ *Das* würde ein unschuldiger Mensch sagen.« Sie lehnte sich selbstzufrieden in ihren Stuhl zurück.

Ich überlegte eine Weile. »Aber wie steht es mit dem ›dritten Mörder‹?« fragte ich. »Über den ›dritten Mörder‹ zerbrechen sich die Gelehrten bekanntlich schon seit dreihundert Jahren den Kopf.«

»Ja, weil sie nie an Macduff gedacht haben«, versetzte die amerikanische Dame. »Ich bin ganz sicher, es war Macduff. Man kann doch nicht eines der Opfer von zwei ganz gewöhnlichen Strolchen umbringen lassen – der Mörder muß immer jemand Bedeutendes sein.«

»Aber was ist mit der Bankettszene?« gab ich nach einer Pause zu bedenken. »Wie erklären Sie Macbeths schuldbewußtes Verhalten, als Banquos Geist erscheint und sich auf seinem Stuhl niederläßt?«

Die Dame beugte sich vor und klopfte mir wiederum auf das Knie. »Es war gar kein Geist da«, sagte sie. »Ein großer, starker Mann wie er sieht keine Geister – besonders nicht in einem hellerleuchteten Bankettsaal voller Gäste. Nein, Macbeth wollte jemanden decken!«

»Wen wollte er decken?« erkundigte ich mich.

»Mrs. Macbeth natürlich«, antwortete sie. »Er dachte, sie hätte es getan, und er wollte die Sache auf sich nehmen. Das tut der Ehemann immer, wenn seine Frau in Verdacht gerät.«

»Aber dem widerspricht doch die Schlafwandlerszene«, beharrte ich.

»O nein«, versicherte mein Gegenüber. »Das ist genau das gleiche, nur anders herum. Diesmal will sie *ihn* decken. Sie ist gar nicht im Schlaf. Erinnern Sie sich an die Stelle, wo es heißt: ›Lady Macbeth kommt, eine Kerze in der Hand‹?«

»Ja«, sagte ich.

»Na bitte! Schlafwandler tragen niemals Kerzen, denn sie sind hellsichtig. Haben Sie gehört, daß ein Schlafwandler mit einer Kerze umhergelaufen wäre?«

»Nein«, gestand ich, »nie.«

»Also gut, sie war nicht im Schlaf. Sie spielte die Schuldige, um Macbeth zu decken.«

»Ich glaube, ich könnte noch einen Cognac vertragen«, meinte ich und rief den Kellner. Als der Cognac kam, leerte ich das Glas auf einen Zug und erhob mich. »Mir scheint«, sagte ich, »daß Sie da eine Entdeckung gemacht haben. Würden Sie mir wohl Ihren Macbeth leihen, damit ich ihn heute abend mal durchsehen kann? Ich habe so das Gefühl, ich hätte ihn nie richtig gelesen.«

»Warten Sie, ich hole Ihnen das Buch«, erwiderte die Dame. »Und Sie werden sehen, daß ich recht habe.«

Abends las ich das Stück sehr sorgfältig, und am nächsten Morgen nach dem Frühstück begab ich mich auf die Suche nach der Amerikanerin. Sie war auf dem Golfplatz. Ich näherte mich ihr geräuschlos von hinten und faßte sie am Arm. Sie stieß einen Schrei aus. »Könnte ich Sie allein sprechen?« raunte ich ihr zu. Sie nickte verstohlen und folgte mir in einen stillen Winkel.

»Haben Sie etwas herausgefunden?« fragte sie gespannt.

»Jawohl«, antwortete ich triumphierend, »ich habe den Namen des Mörders herausgefunden.«

»Sie meinen, es war nicht Macduff?«

»Macduff ist so unschuldig an diesen Morden wie

Macbeth und seine Frau.« Ich zog das Buch aus der Tasche und schlug die zweite Szene des zweiten Aktes auf. »Sehen Sie, hier ist die Stelle, wo Lady Macbeth sagt: ›Ich legt ihm ihre Dolche bereit, die mußt er finden. Hätt er nicht geglichen meinem Vater, wie er schlief, so hätt ich's selbst getan.‹ Begreifen Sie?«

»Nein«. Sie sah mich verständnislos an.

»Aber es ist doch ganz einfach!« rief ich. »Ich wunderte mich nur, daß ich nicht schon vor Jahren dahintergekommen bin. Wenn Duncan im Schlaf Lady Macbeths Vater so ähnlich sah, dann kann das nur daran liegen, daß er tatsächlich ihr Vater war!«

»Guter Gott!« hauchte die Dame.

»Lady Macbeths Vater tötete den König«, fuhr ich fort, »und als er draußen Schritte hörte, schob er die Leiche unters Bett und kroch selber ins Bett.«

»Nein«, widersprach sie, »ein Mörder, der nur ein einziges Mal in der Geschichte erscheint, das geht nicht. So etwas kann man nicht machen.«

»Ich weiß«, entgegnete ich und schlug die vierte Szene des zweiten Aktes auf. »Sehen Sie, hier heißt es: ›Rosse tritt auf mit einem alten Mann.‹ Obgleich der Name dieses alten Mannes nirgends genannt wird, bin ich fest überzeugt, daß es der alte Mr. Macbeth war, der den Ehrgeiz hatte, seine Tochter zur Königin zu machen. Da haben Sie das Motiv.«

»Aber selbst dann«, wandte die Amerikanerin ein, »ist und bleibt er doch eine Nebenfigur.«

»Nicht, wenn Sie in Betracht ziehen«, versetzte ich freudig, »daß er – verkleidet natürlich – auch eine der drei Schicksalsschwestern war.«

»Sie meinen, eine der drei Hexen?«

Ich nickte. »Ganz recht. Hören Sie diese Rede des alten Mannes: ›Am letzten Dienstag sah ich, wie stolzen Flugs ein Falke schwebte und ein Eul ihm nachjagt und ihn würgte.‹ Na, wonach klingt das?«

»Nach der Art, wie die drei Hexen reden«, gab meine Gesprächspartnerin widerwillig zu.

»So ist es«, bestätigte ich.

»Ja«, sagte sie, »vielleicht haben Sie recht, aber ...«

»Ich bin sicher, daß ich recht habe«, fiel ich ihr ins Wort. »Und wissen Sie, was ich jetzt tun werde?«

»Nein. Was denn?«

»Ich kaufe mir ein Exemplar von HAMLET und versuche, das aufzuklären.«

Die Augen der Dame leuchteten auf. »Sie glauben also nicht, daß Hamlet es getan hat?« fragte sie.

»Ich könnte schwören, daß er es nicht getan hat.«

»Und wen haben Sie im Verdacht?«

Ich sah sie mit einem Sphinxblick an. »Jeden«, sagte ich und verschwand in ein kleines Gehölz, so geräuschlos, wie ich gekommen war.

Thaddäus Troll

GESUNDE LEBENSWEISE

»Ich weiß gar nicht, was mit mir los ist«, klagte ich Barbara meinen geheimen Kummer. »Schon nach der zweiten Flasche Wein wird mir schwindlig, und die ganze Welt ist dann so verschwommen.« – »Managerkrankheit«, diagnostizierte sie gnadenlos. »Wir müssen uns in der Ernährung umstellen. Frühstücke wie ein König, iß zu Mittag wie ein Bürger und zu Abend wie ein Bettler!«

Das geschah. Barbara stand sehr früh auf, um ein königliches Frühstück zu bereiten. Zum Mittagessen gab es die übliche Bürgerspeise. Am Abend jedoch servierte Barbara abwechselnd zwei Stengel Petersilie mit etwas Zitronensaft, ein Gläschen köstlichen Wassers, das nach Chlor schmeckte, und ein Rändchen Brot oder ein Blättchen mit Milch benetzten Salats.

Das ungewohnte Frühstück machte mich müde und erregte eine gewaltige Arbeitsunlust. Abends knurrte mein Magen wie Nero, der Kettenhund, und bei Pianostellen im *Freischütz* tönte er das sanfte Ännchen in den Schatten. Nachts konnte ich vor Hunger nicht schlafen und stand jeden Morgen eine halbe Stunde früher auf, um in den Genuß des Frühstücks zu kommen. Schließlich hatte ich erreicht, daß wir schon um Mitternacht ein Frühstück zu uns nahmen, das so reichlich war, daß es einem die ganze Nacht im Magen lag.

Ein Glück war, daß die Zeitungen vom ärztlichen Kongreß in Bad Sodbrand berichteten, bei dem festgestellt wurde, reichliches Essen belaste den Kreislauf und quetsche das Herz. Wir wurden blaß, als uns aufging, wie gefährlich wir gefrühstückt hatten. Nach den in Bad Sodbrand gewonnenen Erkenntnissen nahmen wir nun recht viele und kleine Mahlzeiten zu uns. Wir aßen zehnmal am Tag und waren ununterbrochen mit Kochen, Tischdecken, Essen und Abwaschen beschäftigt.

Bis Barbara einen Vortrag von Professor Unverzagt besuchte, der sie über die Bedeutung der Trennkost aufklärte. Ganz verstört kam sie nach Hause und berichtete: Unserem Magen gleichzeitig die Verdauung von Fleisch und Kartoffeln zuzumuten sei ebenso vermessen, wie wenn man im Auto zu gleicher Zeit den ersten und den Rückwärtsgang einschalten wolle. In Zukunft müßten wir also Fleisch, Soße, Gemüse und Kartoffeln getrennt zu uns nehmen. Wir taten es, aber zwei Löffel

Soße, getrennt von nackten Nudeln, wollten uns nicht so recht schmecken.

Als Barbara eines Tages zuerst ein rohes Ei, dann ein Glas Milch, hierauf eine Prise Salz auftrug und schließlich noch eine Schüssel Mehl auf den Tisch stellte, behauptend, dies sei eine als Trennkost servierte Omelette, drohte ich nicht die Kost, sondern mich vom Tisch zu trennen.

Es wäre zu harten Familienfehden gekommen, hätte damals nicht der berühmte Internistenkongreß in Bad Umsargen stattgefunden, an dem nur Ärzte mit eigenem Friedhof teilnehmen durften. Bei diesem Kongreß wurde der Wert der Fastentage erkannt. Wer sich einen Tag in der Woche ausschließlich von Obst, Reis oder Weißwein ernähre, der lebe lange und vegetativ ungestört.

Wir entschieden uns für Weißwein, ließen es aber nicht bei einem ärmlichen Fastentag bewenden, sondern nährten uns eine Woche lang von viel Mosel mit wenig Weißbrot. Das war ein Leben! Der Wein steigerte das Lebensgefühl und machte so angenehm müde, daß man an Arbeit nicht einmal denken konnte. Als mich nach dem achten Weintag die Polizei aufschrieb, weil ich auf einem Kinderspielplatz Passanten, die ich für weiße Elefanten hielt, mit Sand beworfen und dazu jugendgefährdende Lieder gesungen hätte, sahen wir ein, daß es so nicht weitergehen könne. Wir traten einem Verein für neuzeitliche Ernährung bei. Ein Mann mit plissiertem Gesicht, der wie ein leberleidender Zwerg aussah, verkündete dort, das Rauchen führe unweigerlich zum Lungenkrebs, Alkohol schneide den Lebensfaden ab, und Fleisch verstopfe die Poren. Wir ließen von allem ab und lebten getreu den Richtlinien des Kongresses der Ideale. Bald fühlten wir uns grau und elend, wurden übellaunig, süchtig nach Tabak und Alkohol, und die Hoffnung, auf diese Weise zwanzig Jahre länger zu leben, wurde von der Frage »Wozu?« verdunkelt.

Wir entschlossen uns deshalb zu einer Knoblauchkur. Unsere Freunde verließen uns, in der Straßenbahn machte man uns achtungsvoll Platz, im Theater lichteten sich die Reihen um uns. Wir konnten uns gar nicht erklären, weshalb Knoblauch so isolierend wirkte. Aber schließlich lasen wir im *Lichtfreund*, nach den neuesten Erkenntnissen von Professor Piffpaff berge die einseitige Ernährung viele Gefahren. Nur Entspannung schütze vor frühem Hinschied, weshalb der Mensch, vielseitig ernährt, täglich eine volle halbe Stunde lang entspannt liegen müsse und dabei nichts denken dürfe.

Nun fühle ich mich bei der Tätigkeit des Nichtdenkens oft recht behaglich. Aber sobald ich nichts denken durfte, kamen mir die überflüssigsten und absonderlichsten Gedanken, und in dem Bemühen, nichts zu denken, ging oft der ganze Tag nutzlos dahin.

Dabei hatten wir uns angewöhnt, in allen Zeitungen nach den neuesten Erkenntnissen der Gesundheitspflege zu forschen. Bei einem Kongreß in Bad Riesling wurde festgestellt, Alkohol löse Spasmen und entlaste den Kreislauf. Wir fingen wieder zu trinken an, bis uns Professor Bumskis Erkenntnis, Alkohol begünstige Kreislaufschäden und nur Yogaübungen könnten die Menschheit retten, das Glas aus der Hand schlug und uns, still vor uns hin meditierend, stundenlang auf den Kopf stellte, bis auf dem Chirurgenkongreß in Schneidelust festgestellt wurde, Untätigkeit sei der Feind der Gefäße, wogegen der Sport ein langes Leben garantiere. Da wir ziemlich untrainiert waren und ein ärztlicher Aufruf im Fachorgan der Friedhofsgärtner dringend vor Übertreibungen warnte, gaben wir uns leichtem Kartenspiel hin. Die *Medizinische Monatsschrift* berichtete indessen über den Heilwert von Leinsamen. Wir aßen unserem Wellensittich, der von diesem Anblick ein schweres Trauma bekam, das ganze Vogelfutter weg. Wir lebten salzlos – nein, es war kein Leben! –, reduzierten dann wieder die Getränke, verzichteten unseren Arterien zuliebe auf das Fett, bis uns Professor Sparbier im Rundfunk kundtat, es gebe nichts Schlimmeres, als im Hinblick auf seine Gesundheit zu leben, denn es fördere die Hypochondrie und führe zu seelischen Störungen, die sich nur zu leicht organisch auswirkten.

Seitdem rauchen wir wieder, trinken unseren Wein und essen, was uns schmeckt. Wir lesen keine Zeile mehr über gesunde Lebensweise. So elend wir uns vorher fühlten, so gut geht es uns jetzt.

Kurt Tucholsky

REZEPTE GEGEN GRIPPE

Beim ersten Herannahen der Grippe, erkennbar an leichtem Kribbeln in der Nase, Ziehen in den Füßen, Hüsteln, Geldmangel und der Abneigung, morgens ins Geschäft zu gehen, gurgele man mit etwas gestoßenem Koks sowie einem halben Tropfen Jod. Darauf pflegt dann die Grippe einzusetzen.

Die Grippe – auch ›spanische Grippe‹, Influenza, Erkältung (lateinisch: Schnuppen) genannt – wird durch nervöse Bakterien verbreitet, die ihrerseits erkältet sind: die sogenannten Infusionstierchen. Die Grippe ist manchmal von Fieber begleitet, das mit 128° Fahrenheit einsetzt; an festen Börsentagen ist es etwas schwächer, an schwachen fester – also meist fester. Man steckt sich am vorteilhaftesten an, indem man als männlicher Grippekranker eine Frau, als weibliche Grippekranke einen Mann küßt – über das Geschlecht befrage man seinen Hausarzt. Die Ansteckung kann auch erfolgen, indem man sich in ein Hustenhaus (sog. ›Theater‹) begibt; man vermeide es aber, sich beim Husten die Hand vor den Mund zu halten, weil dies nicht gesund für die Bazillen ist. Die Grippe steckt nicht an, sondern ist eine Infektionskrankheit.

Sehr gut haben meinem Mann ja immer die kalten Packungen getan; wir machen das so, daß wir einen heißen Grießbrei kochen, diesen in ein Leinentuch packen, ihn aufessen und dem Kranken dann etwas Kognak geben – innerhalb zwei Stunden ist der Kranke hellblau, nach einer weiteren Stunde dunkelblau. Statt Kognak kann auch Möbelspiritus verabreicht werden.

Fleisch, Gemüse, Suppe, Butter, Brot, Obst, Kompott und Nachspeise sind während der Grippe tunlichst zu vermeiden – Homöopathen lecken am besten täglich je dreimal eine Fünfpfennigmarke, bei hohem Fieber eine Zehnpfennigmarke.

Bei Grippe muß unter allen Umständen das Bett gehütet werden – es braucht nicht das eigene zu sein. Während der Schüttelfröste trage man wollene Strümpfe, diese am besten um den Hals; damit die Beine unterdessen nicht unbedeckt bleiben, bekleide man sie mit je einem Stehumlegekragen. Die Hauptsache bei der Behandlung ist Wärme: also ein römisches Konkordats-Bad. Bei der Rückfahrt stelle man sich auf eine Omnibus-Plattform, schließe aber allen Mitfahrenden den Mund, damit es nicht zieht.

Die Schulmedizin versagt vor der Grippe gänzlich. Es ist also sehr gut, sich ein siderisches Pendel über den Bauch zu hängen: schwingt es von recht nach links, handelt es sich um Influenza; schwingt es aber von links nach rechts, so ist eine Erkältung im Anzuge. Darauf ziehe man den Anzug aus und begebe sich in die Behandlung Weißenbergs. Der von ihm verordnete weiße Käse muß unmittelbar auf die Grippe geschmiert werden; ihn unter das Bett zu kleben, zeugt von medizinischer Unkenntnis sowie von Herzensroheit.

Keinesfalls vertraue man dieses geheimnisvolle Leiden seinem sogenannten ›Arzt‹ an; man frage vielmehr im Grippefall Frau Meyer. Frau Meyer weiß immer etwas gegen diese Krankheit. Bricht in einem Bekanntenkreis die Grippe aus, so genügt es, wenn sich ein Mitglied des Kreises in Behandlung begibt – die andern machen dann alles mit, was der Arzt verordnet. An hauptsächlichen Mitteln kommen in Betracht:

Kamillentee. Fliedertee. Magnolientee. Gummibaumtee. Kakteentee.

Diese Mittel stammen noch aus Großmutters Tagen und helfen in keiner Weise glänzend. Unsere moderne Zeit hat andere Mittel, der chemischen Industrie aufzuhelfen. An Grippemitteln seien genannt:

Aspirol. Pyramidin. Bysopeptan. Ohrolax. Primadonna. Bellapholisiin. Aethyl-Phenil-Lekaryl-Parapherinan-Dynamit-Acethylen-Koollomban-Piporol. Bei letzterem Mittel genügt es schon, den Namen mehrere Male schnell hintereinander auszusprechen. Man nehme alle diese Mittel sofort, wenn sie aufkommen – solange sie noch helfen, und zwar in alphabetischer Reihenfolge, ch ist ein Buchstabe. Doppelkohlensaures Natron ist auch gesund.

Besonders bewährt haben sich nach der Behandlung die sogenannten prophylaktischen Spritzen (lac, griechisch; soviel wie ›Milch‹ oder ›See‹). Diese Spritzen heilen am besten Grippen, die bereits vorbei sind – diese aber immer.

Amerikaner pflegen sich bei Grippe Umschläge mit heißem Schwedenpunsch zu machen; Italiener halten den rechten Arm längere Zeit in gestreckter Richtung in die Höhe; Franzosen ignorieren die Grippe so, wie sie den Winter ignorieren, und die Wiener machen ein Feuilleton aus dem jeweiligen Krankheitsfall. Wir Deutsche aber behandeln die Sache methodisch:

Wir legen uns erst ins Bett, bekommen dann die Grippe und stehen nur auf, wenn wir wirklich hohes Fieber haben: dann müssen wir dringend in die Stadt, um etwas zu erledigen. Ein Telefon am Bett von weiblichen Patienten zieht den Krankheitsverlauf in die Länge.

Die Grippe wurde im Jahre 1725 von dem englischen Pfarrer Jonathan Grips erfunden; wissenschaftlich heilbar ist sie seit dem Jahre 1724.

Die glücklich erfolgte Heilung erkennt man an Kreuzschmerzen, Husten, Ziehen in den Füßen und einem leichten Kribbeln in der Nase. Diese Anzeichen gehören aber nicht, wie der Laie meint, der alten Grippe an – sondern einer neuen. Die Dauer einer gewöhnlichen Hausgrippe ist bei ärztlicher Behandlung drei Wochen, ohne ärztliche Behandlung 21 Tage. Bei Männern tritt noch die sog. ›Wehleidigkeit‹ hinzu; mit diesem Aufwand an Getue kriegen Frauen Kinder.

Das Hausmittel Cäsars gegen die Grippe war Lorbeerkranzsuppe; das Palastmittel Vanderbilts ist Platinbouillon mit weichgekochten Perlen.

Und so fasse ich denn meine Ausführungen in die Worte des bekannten Grippologen Professor Dr. Dr. Dr. Ovaritius zusammen:

Die Grippe ist keine Krankheit – sie ist ein Zustand –!

DIE AUTOREN

MARCEL AYMÉ,
1902–1967, französischer Erzähler, schrieb psychologische, später auch satirische Romane und Erzählungen (»Die grüne Stute«). Bekannt wurde er aber vor allem durch seine phantastischen Texte, in denen er eine exakte Schilderung der alltäglichen Realität mit dem Skurrilen und Überwirklichen verbindet.

Der Mann, der durch die Wand gehen konnte, aus: Meistererzählungen. Aus dem Französischen von Hildegard Fuchs und Gertrud Grohmann, © Diogenes Verlag, Zürich 1989.

ITALO CALVINO,
1923–1985, Journalist, Lektor und einer der bedeutendsten italienischen Schriftsteller der Gegenwart. Zu seinen wichtigsten Werken gehören die Romane »Der geteilte Visconte«, »Der Baron auf den Bäumen« und »Das Schloß, darin sich Schicksale kreuzen«.

Der Wald der Tiere, übersetzt von Nino Erné, aus: Abenteuer eines Lesers, © Carl Hanser Verlag, München-Wien 1986.

JEAN CAU,
französischer Schriftsteller, geboren 1925, lebt in Paris.

Das Paradies, übersetzt von Frauke Rother, aus: Das Zimmer der Träume, © Editions Gallimard, Paris 1980, © für die deutsche Übersetzung Verlag Volk und Welt, Berlin 1984.

ROALD DAHL,
1916–1990, lebte als freier Schriftsteller in den USA und in England. Er wurde berühmt mit seinen makaber-satirischen Erzählungen und mit seinen Kinderbüchern. Für »Sophiechen

und der Riese« wurde er mit dem Deutschen Jugendliteraturpreis 1985 ausgezeichnet.

Des Pfarrers Freude, aus: Küßchen, Küßchen. Deutsch von Wolfheinrich von der Mülbe, © Rowohlt Verlag, Reinbek 1962.

ROBERT GERNHARDT
wurde 1937 in Reval/Estland geboren. Er studierte Malerei und Germanistik und lebt heute als freier Schriftsteller in Frankfurt am Main. Er schreibt Romane und Erzählungen, Humoresken, Satiren und Kinderbücher.

Das Buch Ewald, aus: Kippfigur. Erzählungen, © Haffmanns Verlag, Zürich 1986.

LAURIE GRAHAM
lebt mit ihrer Familie in Cambridge und ist Autorin humorvoller Ratgeber, etwa des »Überlebensbuchs für Eltern« (1993).

Gesundheit und Krankheit, aus: Überlebensbuch für die Ehe. Deutsch von Amanda Loewenthal, © Deutscher Taschenbuch Verlag, München 1994.

ELKE HEIDENREICH
wurde 1943 in Köln geboren. Seit 1970 arbeitet sie als freie Autorin und Moderatorin bei Funk und Fernsehen. Bekannt wurde sie als Metzgersgattin Else Stratmann im Rundfunk.

Biorüttmus, aus: Mit oder ohne Knochen, © Rowohlt Verlag, Reinbek 1986.

TAMA JANOWITZ
wurde in San Francisco geboren und lebt heute, nach 38 Umzügen, in New York. Sie gehört zu den wichtigsten Autorinnen der jungen amerikanischen Literatur; ihr erster Roman »Nervensäge« erschien 1981.

Sonnenstich, aus: Sonnenstich. Erzählungen. Aus dem Amerikanischen von Lutz-W. Wolf, © Goldmann Verlag, München 1989.

EPHRAIM KISHON,
israelischer Schriftsteller und Humorist, geboren 1924 in Budapest. 1949 wanderte er nach Israel aus und lebt heute in Tel Aviv. Er schreibt Romane, Theaterstücke, Sketche und Kurzgeschichten in vor allem satirischer Absicht.

Besuchszeiten: Montag und Donnerstag, aus: Drehn Sie sich um, Frau Lot! Deutsch von Friedrich Torberg, © Langen Müller Verlag in der F.A. Herbig

Verlagsbuchhandlung, München 1960.

PRIMO LEVI,
bedeutender italienischer Autor von Gedichten, Erzählungen und Romanen, wurde 1919 geboren. Er studierte Chemie, war in Auschwitz inhaftiert und arbeitete bis zu seiner Pensionierung 1984 in der chemischen Industrie. 1987 beging er Selbstmord.

Ein paar Verwendungsmöglichkeiten des Mimetikers, übersetzt von Heinz Riedt. Aus: Der Freund des Menschen, © Carl Hanser Verlag, München-Wien 1989.

WILLIAM SOMERSET MAUGHAM
wurde 1874 in Paris geboren, studierte Medizin in Heidelberg und London, wandte sich dann aber ganz der Literatur zu. In seinen Romanen und Theaterstücken verbindet sich die präzise Darstellung gesellschaftlicher Verhältnisse mit einer distanziert-ironischen Grundhaltung. Maugham lebte seit 1929 in der Nähe von Nizza, wo er 1965 starb.

Der Lunch, übersetzt von Marta Hackel, aus: Honolulu. Erzählungen, © Diogenes Verlag, Zürich 1972, 1976.

JAMES THURBER,
1894–1961, amerikanischer Autor und Illustrator zahlreicher humoristischer Bücher und Theaterstücke mit den unterschiedlichsten Themen.

Geheimnis um den Macbeth-Mord, aus: Was ist daran so komisch. Gesammelte Erzählungen, © Rowohlt Verlag, Reinbek 1971.

THADDÄUS TROLL,
1914–1980 (durch Selbstmord); Autor heiterer, oft auch gesellschaftskritischer Erzählungen, Romane und Feuilletons, z.B. »Deutschland deine Schwaben« (1967).

Gesunde Lebensweise, aus: Das große Thaddäus Troll-Lesebuch, © Hoffmann und Campe Verlag, Hamburg 1981.

KURT TUCHOLSKY,
deutscher Schriftsteller und Publizist, wurde 1890 in Berlin geboren und schied 1935 durch Freitod in Schweden aus dem Leben. Er ist einer der großen Satiriker und Gesellschaftskritiker deutscher Sprache.

Rezepte gegen Grippe, aus: Gesammelte Werke, © Rowohlt Verlag, Reinbek 1960.